新疆民族研究丛书

主编 杨圣敏

本丛书由中央民族大学“985工程”
中国当代民族问题战略研究基地资助出版

地域认同与社会交往

——乌鲁木齐的阿图什人

DIYU RENTONG YU SHEHUI JIAOWANG

WULU MUQI DE ATU SHIREN

阿布都哈德◎著

中央民族大学出版社
China Minzu University Press

图书在版编目（CIP）数据

地域认同与社会交往：乌鲁木齐的阿图什人/阿布都哈德著.
—北京：中央民族大学出版社，2014. 1
ISBN 978 - 7 - 5660 - 0622 - 6

Ⅰ. ①地… Ⅱ. ①阿… Ⅲ. ①维吾尔族—社会心理学—研究—乌鲁木齐市 Ⅳ. ①C912. 6

中国版本图书馆 CIP 数据核字（2014）第 003705 号

地域认同与社会交往
——乌鲁木齐的阿图什人

著　　者　阿布都哈德
策划编辑　吴　云
责任编辑　满福玺
封面设计　汤建军
出 版 者　中央民族大学出版社
　　　　　北京市海淀区中关村南大街 27 号　邮编：100081
　　　　　电话：68472815(发行部)　传真:68932751(发行部)
　　　　　　　　68932218(总编室)　　　68932447(办公室)
发 行 者　全国各地新华书店
印 刷 厂　北京宏伟双华印刷有限公司
开　　本　787 ×1092（毫米）　1/16　印张：13. 25
字　　数　223 千字
版　　次　2015 年 11 月第 1 版　2015 年 11 月第 1 次印刷
书　　号　ISBN 978 - 7 - 5660 - 0622 - 6
定　　价　42. 00 元

总　　序

新疆是中国最大的一个省区，有166万平方公里，面积相当于三个法国或四个半日本。这片辽阔的土地，自古就是来自各地的多民族辗转迁徙和交错聚居之地。

如今新疆世居的民族有13个，据2010年第六次全国人口普查，新疆的2264万人口中，少数民族占62%。今天，当我们从人类学视角探讨新疆这些民族的特点时，有如下几个基本的认识是我们开展研究的起点。

人类不同人群的本性是相同的，即按照不同性别、地域、时代、年龄、国家、民族、种族等划分的人群，其本性都是相同的。我们既反对体质上的种族主义，也反对文化上的所谓不同民族天生既有高低贵贱之别的说法。

也就是说，不管是男人还是女人，山西人还是云南人，古代人还是现代人，老人还是年轻人，中国人还是美国人，维吾尔人还是蒙古人，黑人还是白种人，他们的本性都是一样的。儒家说“人之初，性本善”，法家说“人之初，性本恶”。不管怎么说，人之初本性都是一样的，这是古人都清楚的道理。反过来说，如果我们不承认人类本性的一致性，我们就没有人类学，就没有社会学，我们就没有国际上大家通用的人类学理论，也就没有普世的社会科学理论。但人为什么有千差万别，不同的表现？不同的民族为什么又有千差万别，不同的特点？

古人说是因为“性相近，习相远”。也就是说，人类不同群体、民族之间特点上的差别，都是由于其所处环境（自然环境和社会环境）不同所导致的。不同特点被我们称为不同文化，不同文化都是为了适应所处的自然或社会环境而形成的。不同的文化、风俗，不同的社会制度，就是适应不同环境里生存的方式或生存的工具和手段。

各民族传统文化的风貌，是由其数千年的社会环境以及当地独特的自然环境塑造出来的。在传统文化的基础上，各民族又在当代的社会生活中不断创新发展着他们的文化。我们称之为“文化变迁”。

从以上的认识出发，我们对新疆各民族特点的研究，就要以他们的历史，所处的自然环境为背景，集中于他们与当代社会环境之关系的描述和探讨。

从人类学的角度看，人类文明的进步有两种途径，即创新与传播。我们常说的世界文明四大体系即中国文明、印度文明、西方文明和伊斯兰文明，都是人类文明最重要的四个创新之源。从地理位置上看，新疆距这四个文明中心都比较遥远，自古是一个偏僻之地。从文化的创新上来讲，新疆确实无法与任何一种文明的核心地带相比拟。但新疆的独特之处在于，她自古是四大文明汇聚之地。季羡林先生甚至说，新疆是世界上唯一的四大文化体系汇流之所。① 这应该是新疆各民族传统文化都有博采四方、斑斓多彩的原因吧，而四大文明的文化是由来自各处的众多民族携带而来并在这里碰撞融合的。

早在公元前二千年，这里就相继有吐火罗人、塞种人、羌人、汉人、月氏人、乌孙人、匈奴人、鲜卑人、突厥人、回纥人、契丹人、蒙古人等数不清的氏族、部落和民族来往或定居于新疆。新疆的自然环境辽阔多样，自古就分为天山南北两个世界。

南疆的塔克拉玛干沙漠是世界第二大流动沙漠，惊沙大漠之中和大漠边缘星星点点分布的绿洲上掩埋着无数农业城邦国的遗址。在公元 840 年回纥人自蒙古草原西迁到新疆以前，南疆的居民主要使用吐火罗语（分为古代和田语和焉耆－龟兹语两种）、汉语、古代藏语等 7 种语言、24 种文字。公元 10 世纪以前，新疆的居民主要信仰萨满教、袄教、景教、摩尼教、道教等，最流行的是佛教。至今我们还能见到遍布于南疆各绿洲上和沙漠中的佛教遗址。鸠摩罗什、玄奘等高僧大德的事迹以及他们留下的经典至今还在向我们证明着当年各城邦中佛教的盛况与经济的繁荣。但曾在南疆古代居民中流行的于阗文、焉耆－龟兹文等多种古文字却大多已成死文字，今天只能靠少数专家解读考古发掘出的残破文书开展研究，给中外的历史学、考古学和古文字学学者们留下了无数需要探索的秘密。

北疆的自然风貌则是草原戈壁，自古是游牧民族南来北往、盘马弯弓

① 刘逊、刘迪著：《新疆两千年》，季羡林序，新疆青少年出版社 1998 年版。

之地。曾相继在这里称霸的马上民族有乌孙、匈奴、突厥、契丹、准噶尔蒙古部和满族人。匈奴铁骑经这里西迁至欧洲以后，曾在公元4—7世纪造成了震动全欧洲的民族大迁徙，彻底改变了欧洲各民族的分布。公元8世纪以后开始从这里逐渐西迁的西突厥则在今中亚至小亚细亚一线改变了沿途数十个民族的面貌，使他们逐渐突厥语化，原来的马上民族突厥人则分别与沿途的土著人融合，变成了今天这些大多以农耕为主业的数十个突厥语族民族。

要解读新疆各民族文化的特点和形成的原因，除了追溯历史之外，还要从当地的自然环境特点这个角度探讨。他们的文化面貌，也是世世代代适应当地的自然环境的结果。

新疆气候严酷。按照联合国的相关标准，新疆1/3属于半干旱地区，2/3属于干旱地区。北部冬季严寒达摄氏零下30多度；风沙盐碱，酷热干旱则是南部的常态；东南部的吐鲁番等地夏季达摄氏零上40度，是全国最炎热的地方。新疆地域辽阔，平均每平方公里不到12人，远低于全国平均119人的水平。从这个数字看，可谓人烟稀少。但是新疆境内90%以上是沙漠、戈壁、雪山等人类难以生存之地，95%的人口集中居住在占国土面积8.22%的绿洲上（其中天然绿洲4.47%，人工绿洲3.73%）。在绿洲上，人口密度高出全国平均人口密度近一倍。因此，从这些数字看，新疆又是贫瘠的、拥挤的。与其他地方相比，当地的民族并没有因为人口稀少而较少争夺资源的竞争。但从可开发的远景来看，新疆是一个资源丰富的地方。新疆目前已发现的矿产有138种，保有储量居全国首位的有10种，居前10位的有58种。例如，全国耕地储备的总量上限为2亿亩，其中新疆就占了1/4。新疆石油和天然气储量达300亿—500亿吨，约占全国的1/4（天然气年产240亿立方，占1/3），煤炭储量21900亿吨，约占全国储量的40%；棉花产量居全国第一位，约占全国产量的30%多。因此，新疆被称为我国西部开发的支柱；整个国家持续发展最重要的资源基地。① 干旱的环境，严酷的气候，丰富的资源，多样的地理面貌给新疆各民族文化特点以重要影响。

对于新疆各民族来说，社会变迁所造成的冲击，比自然环境有更大的影响。

---

① 《腾飞三十年：1978—2008》，新疆维吾尔自治区统计局编印，2009年。

新疆虽然地处亚洲内陆，中国西北角的偏远之地，近一百多年来，却多次发生震动中亚和全中国的事变。特别是近几十年来，新疆的发展和变化又多次引起全球的关注。

新疆在从公元前几个世纪起至明清之际的近两千年中曾一直是世界性的商贸之路的必经之地。东来西往的商旅和中介贸易曾给这里带来了千年的繁荣。自明清以来，虽然由于海上交通和其他陆路交通的日益发达，新疆在东西经济政治交往中逐渐失去了往日的要冲地位，而成为偏处一隅的穷乡僻壤，但这里自古是我国西部国防的屏障。近代以来，沙俄政府、英印当局、中亚一些野心勃勃的军阀，甚至远在西亚的奥斯曼土耳其政府都曾试图染指新疆，在这里扶植傀儡，煽动分裂，直至直接的武力入寇。新疆的大片土地曾多次被外敌侵占，各民族人民也多次遭受外来侵略者的蹂躏。因此，保卫新疆与维护新疆的安定自然也一直是百年来学界关心的话题之一。

到了21世纪，新疆在战略上的重要地位再次凸显。一方面，加快新疆的发展是深入实施西部大开发战略、培育新的经济增长点、拓展我国经济发展空间的战略选择。她与中亚五国、阿富汗、巴基斯坦、蒙古等多国接壤，目前又成为“一带一路”战略的重要通道和枢纽所在。同时，近年来境内外敌对势力对新疆的觊觎和在新疆民族中煽动的恶性事件也不断拨动着中国与世界的神经。

新疆民族多彩的文化，当地重要的战略地位与丰富的自然资源一直激发着研究者的热情。特别是近二十多年来，新疆吸引了国内外越来越多研究者的目光，于是有关新疆民族的各类著作如雨后春笋般大量涌现，把新疆研究推向了一个新的高潮。但以往有关新疆民族的研究主要集中于历史、文学、语言、艺术等角度，从民族学、社会学角度的研究较少，也就是关于新疆各民族当代社会状况的研究较少。从研究的方法和资料来说，以往多属于文献研究，而以第一手社会调查资料为基础的实证研究较少。特别是反映当前社会，各民族基层的生产生活、民族关系、发展道路等状况的著作很少。

本丛书收录的著作主要针对当代新疆维吾尔等民族的社会，是以作者亲身调查的第一手资料为基础，从民族学、社会学角度开展的研究。

笔者从事新疆民族的教学与研究30年来，曾先后指导过数十位研究生以新疆民族社会为调查研究的重点。在指导论文时，要求学生主要的研究资料必须是个人实地调查所得。这些研究生深入当地少数民族社区同吃同住几个月至一年以上，以这种方式开展实地调查。调查对象涉及农民、牧民、干部、城市市民、宗教职业者、工人、学生、知识分子等各行各业人士。主要研究的问题有妇女、婚姻家庭、财产继承、地域与民族认同、体质特点与族源、民族关系、儿童教育、宗教信仰等方方面面。

其中首批入选本套丛书出版的有王海霞、张国云和阿布都哈德等人的著作。他们几位都精通维吾尔语，在实地调查了一年甚至一年以上。博士论文通过答辩以后，他们又在原论文的基础上，经过几年的沉淀思考，针对不足之处，再次或多次赴实地补充调查，并经多次修改和充实而定稿。笔者本人组织几位年轻教师和多位研究生深入一个维吾尔村庄两年的实地调查所写的民族志，也收入第一批出版的著作。

民族学研究的宗旨之一，就是促进不同文化的人群、民族之间能够互相沟通和理解。我们出版这套丛书的目的之一就是要通过这些第一手的详细描述，将新疆少数民族真实面貌的各种细节，特别是将他们的文化特点与所处环境之间的关系展现给读者，使读者不再把这些特点看成不可理喻的奇风异俗，而是一种合情合理的生产生活方式。

民族学的研究不仅要促进不同人群之间的相互理解，还要推动社会的进步。我们将研究的成果呈献给社会各界和政府，希望能够为他们更清楚地认识这些民族和社会的真实面貌提供参考，并在此基础上选择制定更进步的政策和前进的方向。

我们的实地调查与研究还有学术上的目标，即通过这些案例的积累，希望最终能够归纳出有关这些民族、族群的规律性理论，为民族学的理论创新添砖加瓦。

人类的本性是相同的。不同人群，如果他们所处的社会和自然环境基本相同，其文化、观念、行为规范等也往往是相似的。因此，这套丛书，虽然仅仅是在新疆的少数民族中开展的研究，相信在此调查中总结出来的道理，对于认识世界其他处于类似环境中的民族也有解释和借鉴的意义。为了以上目标，我们将不懈地努力。

杨圣敏

2015 年 6 月

前　言

本书是一本基于主体人类学视角的田野民族志。

通过对乌鲁木齐的维吾尔族社会的观察，发现人们在日常交往中，比较注重同乡关系，很多人的社会关系“重心”限定在地域群体内，并在一些重要的社会交往领域，如仪式性交往（婚丧嫁娶等仪式）、情感性交往（挚友圈的活动）以及为获取一定社会资源而进行的“目的性”（工具理性）交往中，以同一地域为背景的同乡关系是各种社会关系中被重点“利用”的关系。人们在地域认同观念下形成一定的社会关系网络，以此来谋求、维护一定的社会资源。除此之外，社会个体的地域属性、地域背景也成为区分社会个体的一种社会标签。

以地域为背景的社会群体，是观察维吾尔族社会结构（地位、角色与群体等）的一个角度。地域群体的社会交往行为为观测“社会行动”，提供了一个较为宽广的“视角”，同时为探讨人类学有关“认同”的理论及社会学与人类学共有的理论命题——观念与行为之间的关系，提供了更多的研究素材。

笔者对这一社会文化现象的关注、探讨与解释是从文化人类学的角度展开的，以民族志的描述方式，选定一个特定的地域群体——乌鲁木齐的阿图什人，先对各个社会阶层的地域认同观念进行了“素描”，通过参与观察与深度访谈，解析出同乡人的“社会交往模式”，以此来解释社会个体的社会交往行为。对这一社会文化现象的文本描述，采取民族志式的描述方法，尽量借鉴解释人类学的表述理念——文化承载者“自我”表述为主进行描述。

通过调查研究，笔者认识到乌鲁木齐维吾尔族社会的同乡关系网络及其交往方式是社会个体原属地域社会关系网络的“复制”和在此基础上的发展。正如费孝通先生所言：“地缘是血缘关系的投影。”这个关系网络的核心仍然是原有村落的血缘关系，“同乡人”到了异地，对“外”以“地域”区分，对“内”则以“村落”相区分。社会交往也最终限定在同村人中，交往准则是血亲义务（不苛求回报的互惠互助）的扩展。交往模式是“传统仪式”。传统仪式是社会交往行为的“蓝图”与“解释体系”，并使社会个体的行为处于他者可预测的范围内。

通过对地域认同观念影响下的同乡群体的社会交往行为的“因果”分析，得出的结论是新疆特殊的自然地理环境（包括自然灾害）、环几个盆地的大沙漠小绿洲和绿洲间漫长的距离，在几千年的历史上，曾长期造成文化甚至种族的半隔离状态，促成不同地域间的“文化异质性”。这种异质性又综合反映在一个个的自然村落中，最终导致村落边界的形成并建构和强化了村落认同，家族/血亲内婚制、村落内婚制，即是村落认同的结果，又是促成因素。然而，历史上丝绸之路（贯穿所有绿洲）“融会贯通”东西方文明的文化整合、新中国成立后语言文字的统一规范、西方民族观念的传入、民族政策等诸多因素，又是导致从地域认同向民族认同不断“超越”的根源。

通过这项研究，获得的启示是：指导社会个体产生社会行为的观念体系，是由种种复杂因素综合促成的，很难产生穷尽的理论解释。因此，精细的民族志仍然应该是人类学的重点产品。

目　　录

绪　论

一、研究的问题

概括地说，笔者准备探讨的问题是乌鲁木齐市维吾尔族的地域认同观念。

乌鲁木齐维吾尔族除以“南疆人”“北疆人”相互区分之外，又按行政区域彼此区分为哈密人、吐鲁番—托克逊人、乌鲁木齐人、克拉玛依人、阿尔泰人、伊犁人、库尔勒人、阿克苏人、阿图什人、喀什人、和田人等。在此基础上行政区域内部又以市、县、乡、村等更细的相互区分（行政区域内的“小地域”区分又受历史上地域认同的影响）。同一地方的人相互来往密切，形成了“地域认同”观念下的社会群体，这种社会群体笔者称为“地缘群体”。另外，每一个地域内不同的地域文化使每一个地缘群体内的个体呈现一种“地域身份”。“地域身份”在维吾尔族当前的社会生活中成了一种重要的社会标识。这种社会标识对维吾尔族的社会交往实践有一定的影响。这种影响不仅明确地体现在以共同地域为背景的人形成的持久稳定的社会关系网络中，而且在更深层面上成为人们进行社会交往时判断“他者行为模式”的一种“评判标准”或者“社会预测”。也就是说，一个人和另一个人打交道时头脑里已经有一个比较成型的先入为主的“某某地方的人是什么样”的知识或经验积累，并根据这种“知识或经验”采取进一步的交往策略。“地域身份”甚至影响到新疆各级组织及人事部门分配社会资源时的“潜规则”。“地域身份”不仅是对××地方人“集体文化性格”特征的归纳，而且是反观××地方人的“个人品质”的根源。

地缘群体、地域身份及其社会影响因素成为一种“显”的“社会事实”而进入研究者的视野，仅从笔者认识到这一社会文化现象对维吾尔族社会的“影响力”而言，“地域群体”是深入了解维吾尔族社会结构的重要切入点。

因学识所限，笔者欲把探讨的范围限定在对“地域群体”社会交往实践的“民族志”式的人类学描述与必要的理论解释中，同时把关注对象“控制在”一个地域群体——“阿图什人”。当然，这些探讨还要涉及当前都市化背景下（作为生活在政治、经济、文化中心的新疆维吾尔自治区首府乌鲁木齐）的维吾尔族社会交往中的“老乡”认同及其关系网络（“老乡”关系是怎么建构的？其认同的内容是什么？认同内容如何从“物质”层面到“观念层面”？如何又从观念层面到行为层面）。在这些问题中，讨论的重心是“老乡”观念与意识前提下的维吾尔族现实社会交往的网络结构、内容、功能、建构与维护过程及其对维吾尔族整体现实社会生活的影响。

二、研究缘起

此问题的提出与笔者的一些特殊经历相关：笔者出生在新疆巴音郭楞蒙古自治州库尔勒市塔什店煤矿，父母是新疆阿克苏地区拜城县人，父亲是拜城县赛里木乡人，母亲是拜城县克孜尔乡人。在笔者的童年时代，家人常被外人称为：“ixek khetighi ixken saramlikh”（直译为喝驴奶制成的酸奶的赛里木人）、“pomqukning balliri”（直译为地主的后代）。因父母的“阶级成分”高（父亲是富农，母亲是地主），在巴音郭楞蒙古自治州煤矿一直到20世纪80年代初期，很多人对我们则另眼相看。当时同我们家“友好”来往的人除一家亲戚外，主要还是同乡拜城人，交往范围甚至“延伸”到几十公里之外的焉耆县县城、包尔海乡、七个星乡、四十里城子镇及博湖县。上述每个地方都散居着一两家拜城县人，虽然相距较远，可他们都彼此保持往来。我父亲经常提起他在“落户”煤矿前的一些经历。他曾在20世纪50年代去过两次乌鲁木齐，当时他把在乌鲁木齐“每个角落”工作或生活的同村老乡都找到并拜访过。当时我幼小的心灵形成的印象是：除亲戚外，同乡人就是最亲的人，而且在我们家人的观念里拜城人是最善良、最质朴、最值得信赖的人，拜城没有奸诈狡猾的人。这些观念对笔者的影响很大。

笔者于1991年从新疆库尔勒考入西北民族大学，入学报到时在兰州刚下火车，就有自称是“库尔勒老乡”的一群学生开始帮我到校报名、住宿，并在接下来数日帮助我熟悉了学校及其周边街区的“人文环境”。随后，笔者参与了库尔勒“老乡”的各种活动。大学期间每年两次的各地“老乡会”活动也很频繁（送老迎新：新生入校、老生毕业）。笔者到了大学之后由“拜城赛里木人”“变成了”库尔勒人。当时我还自认为是拜城人。上学期间曾遇到过几个从拜城来的学生，交流时感觉很亲切。

笔者毕业后留校（西北民族大学）工作，2000年到乌鲁木齐举行婚礼（接亲时），笔者的外甥（在库尔勒市长大，大学毕业后在乌鲁木齐市一所高校工作）帮我找的男伴郎及陪伴一起去接亲的人都是在乌鲁木齐市工作的库尔勒人。另外，每次回新疆发现，我岳父母家（老家是阿图什）的主要社会关系都是在乌鲁木齐的阿图什同乡人。

根据经验，笔者认识到维吾尔族陌生人之间见面最主要了解的信息是彼此的地域所属，一些社会经验丰富的人通过别人的谈吐与行为举止就能判断出这个人的所属地域。因此，常常触动笔者对这一社会现象的思考，并立意要对此进行深入的研究。

笔者在对此社会文化现象进行深入研究前，对该问题形成的内因、外因及对维吾尔族社会的影响有一些粗浅的认识，这些认识在一定层面上影响了笔者的研究视角，现陈述如下：

自清朝新疆建省到新中国成立后，新疆维吾尔自治区首府乌鲁木齐市逐渐过渡为新疆的政治中心，随后也就自然发展成新疆的经济和文化中心。这种特殊地位在国家的行政建构和民族区域自治政策与理念的影响下，使不同的民族或同一民族但不同地域的人生活在一起有了一个共同的“场域”，而这些人又带着各自的“地域认同”观念（历史的、地域的、文化的符号与传承），强化了各自的认同边界，而在同一认同群体内的地位与角色、职业分层（不同的工作单位与工作性质）等结构性因素与属性，使这样的群体边界更加分明。

维吾尔族因长期主农兼牧，生活在被沙漠戈壁所隔离的不同绿洲上，绿洲之间因古时的交通条件所限，各地形成了各具特色的地域文化和人文性格。别的民族在进行“他观”时，是从整体的角度认识维吾尔族的。“他者”很难感觉到维吾尔族在社会交往时以地域为前提形成的“同乡人”与“异乡人”的区分。新中国成立以来的几十年中，一些离开故土的人在不同的城市里“不期而遇”时，形成了各自的交往圈，并借这个“圈”进行社会资源的分配。这种关系也影响到当前维吾尔族社会的“赛场规则”[①]与行为决策。这种“同乡关系”在都市环境中自然发展成为维吾尔族社会个体所有社会关系中影响力最强的一种关系。因此，地域认同观念怎么被认知、怎么构建、怎么运转、发挥什么样的功能、内部结构如何，以及对维吾尔族当前的行为决策如何产生影响，成为本研究需要深入探讨的方面。

三、选题的意义

笔者认为，这个选题既有学术意义又有现实意义。

认同问题是国际学界近年来关注的热点，因为人类社会出现的认同危机所带来的矛盾冲突，使不同学科背景的学者们共同探讨“认同”问题的本质属性，探求人类社会新时代和谐共处的可能性。[②] 据此，认同的研究具有重要的应用价值及现实意义。另外，从人类学角度探讨“认同”的本质属性即经验（或物质）层面能够感知的部分，探讨认同的内容如何从经验（或物质）层面建构成观念层面，又从观念层面影响到社会行动者的行为过程，关系到人类学学科研究的核心问题，即文化如何被“生产”？观念和行为之间的关系如何？这两个方面的研究是人类学研究的永恒课题。

社会交往是人类社会人际互动及社会得以运转的关键环节，是社会深层结构的体现，全面认识一个社会文化离不开对其社会结构的剖析，而一个具体社会中的“人”为了谋生要和不同的人进行交往，形成一个个复杂的社会关系网。这些关系网主要可分成血缘、地缘和业缘关系。[③] 其中血缘关系长期以来是人类学研究的重要领域，而地缘关系因范围较大，超出了传统人类学研究所采取的有明确边界的田野视角，是人们跨地域以后形成的关系，故研究较少。这种关系又在当前中国的都市化环境中凸显，人类学对都市的关注时间也不是很长，因此，以都市环境为前提的地缘关系研究有学科研究的必要性。

---

① 乔健：《中国人的观念与行为》，天津人民出版社 1995 年版，第 306 页。

② 何致中：《地方与认同》，台湾大学地理环境资源研究所，博士论文，2002 年。

③ 李强：《应用社会学》，中国人民大学出版社 1999 年 5 月版。

维吾尔族所居住的新疆因其特殊的历史发展，历史上处在几大文明夹缝与丝绸之路之要冲。因此，这里一度变成人类种族与民族的“熔炉”，是一个比较理想的人类学研究“田野”。当前世界的政治经济格局、国力与资源竞争等因素，使新疆成了一个关注的焦点，中国的发展离不开少数民族的发展，而近年的发展又证明：少数民族的发展不能一味地靠主体的“输血机制”，一定要有自身的“造血机制”，那么要让少数民族自身产生“造血机制”，离不开对其社会文化的深入研究。本研究立意于对维吾尔族社会结构与文化进行深入研究，因此，这项研究又有一定的现实意义。

四、相关文献及研究动态

学界对于国内同乡群体的关注不是很多，多数是从历史学的角度探讨的（笔者还没有找到以人类学的视角关注同乡群体的著述），研究者多数关注各地同乡建立的“会馆”。“会馆”是同乡人建立的一个实体，是疆界分明的社会团体。

（一）维吾尔文文献

在维吾尔文的文献中，最早关注维吾尔族地域文化特色的是成书于1908年的《伊米德史》，作者是著名的维吾尔族历史学家毛拉穆萨撒依热米。在此著作中他对和田、喀什、阿克苏等南疆七城人的性格特色进行了简要概括，可以说《伊米德史》是最早关注维吾尔族地域文化特色的著述。在《伊米德史》的基础上，新疆大学阿布都克里木等编写的《维吾尔民俗》一书中，对维吾尔族地域文化特性也有关注。此外，1994年维吾尔族青年作家艾合特木吾买尔游历欧亚诸国后发表在《新疆文化》上的《从远方向故土送去的问候》；艾尼瓦尔《朝觐见闻》等文章中，谈到新中国成立前移民到沙特阿拉伯麦加市的维吾尔人，并不是以“维吾尔人”自称，而是以“和田人”“阿图什人”“喀什人”等自称。这些文章中也谈到新疆维吾尔族内部相互间的这种地域“区分”，他们用了一个具有一点贬义的词 yurtwaz（乡土主义）。还有中央民族大学维吾尔语言文学系教授阿布都若夫在《新疆文化》上发表的《我们的弱点》（1999）一文也批评并关注这种“乡土主义”。虽然这些维吾尔文的文献关注到维吾尔族社会具有这种地域认同的社会现象，但没有从某一学科的角度对此进行深入研究，也没有进一步引出认同问题的探讨，更没有关注同乡群体的社会交往活动。

（二）汉文文献

张继焦在其著作《城市的适应》（商务印书馆 2004 年 5 月版）中提到少数民族进入都市后在人际网络中运用“老乡”关系，但对其特征、内涵没有展开论述，也没有涉及“老乡”之间的认同观念与互动现状。

美国人顾德曼著的《家乡、城市和国家——上海的地缘网络与认同，1853—1937》（宋钻友译，上海古籍出版社 2004 年版），从历史学的角度对日本入侵上海前的上海外来人口的地缘关系、实体——同乡会馆，对同乡内的社会资源的利用及其运转产生的影响，以及对国家意识、民族意识形成的影响情况做了深入研究，探讨了地域认同向民族认同与国家认同发展的过程。此论题对笔者地域认同内容的研究有一定的启发。

台湾的何致中博士于 2002 年撰写的博士论文《地方与认同》（网络电子版），从地理学的角度（地方与区域研究），用区域地理的脉络，考察了台湾宜兰县，作者整合了地方及认同两大议题，探讨了两者之间的关联。与笔者探讨的所谓构成地域认同内容的“物质层面”有较大的相似，但没有涉及同乡群体，也没有谈到地域对人们社会交往活动的影响实践。笔者在此议题中准备关注的不仅是地域认同的内容建构，而是地域认同形成后，离开原生的特定场域，在另一个场域和别的人群所持的认同相对照后所形成并强化的认同，同时关注的重心在地域认同前提下其成员的社会交往过程。

美国人韩起澜著《苏北人在上海 1850—1980》（卢明华译，上海古籍出版社 2004 年 8 月版），也探讨了与地域认同相关的问题。“苏北”不是一个明确的地理概念，而是一群生活在“旧上海”时期来自临近上海以北各个地方的社会地位卑微的一群人，形成的“社会阶层”——作者定义为“族群”，并从此入手探讨了新的“族群”形成的轮廓。但“苏北人”是被“上海人”赋予的一个称谓，而不是“苏北人”自我认同的结果，作者也没有关注“苏北人”内部的社会交往互动情况。

（三）英文文献

吉斯丁·詹·罗德逊的《绿洲认同——中国丝绸之路上的维吾尔民族

主义》（Justin Jon Rudelson Oasis Identities Uyghur Nationalism Along China's Silk Road）1997年11月由哥伦比亚大学出版社出版。这本书关注的问题和笔者的研究是直接相关的，该书从族群间的“紧张关系”引发并增强了潜在的维吾尔族民族主义的论点出发，探讨并论证了地理和社会“边界”的类型与民族认同如何超越地方和区域认同的因素。探讨的重心是维吾尔族的民族主义构建过程，其作者关注到维吾尔族社会结构的三个层面，即知识分子（intellectuals）（作者把国家公务员也归入了知识分子行列）、农民（peasants）和商人（merchants），主要从乌鲁木齐的维吾尔族知识分子中获取资料。作者的田野点是吐鲁番，但此研究的整个关注点没有离开“民族主义”建构要素这个议题，没有深入到现实的社会交往与社会生活层面。

五、理论视角与研究方法

（一）理论视角

全球范围内因认同问题带来的人类社会多元多极化现象，引起各国学者对该问题的广泛关注，“认同危机”也一时成了这个时代的热门话题。“全球化”“地球村”等话语一时变成了有争议的字眼。人类近现代历史上以西方为核心的帝国主义殖民政策、超级大国冷战思想、跨国集团的经济与技术力量，以一种“现代性”的姿态、一种强劲的趋势一直在力图削弱世界不同区域（人类不同群体）的种种“传统性”，结果反而强化了不同人类群体的种种“认同”，也导致了由于不同的“认同”强化边界所造就的局部冲突与不和谐。由此，人类不得不尴尬地面对不同群体由各自认同强化而导致的“认同危机”。这对当今人类科学技术与物质发展成就来说极具讽刺意味。人类应该怎么应对如此情景？人类应该如何和谐相处？这些问题无不促使人们去探寻认同问题的本质。

当前，维吾尔族也正处在抉择与建构认同的关键时期，公民意识与国家认同的建构是当务之急。虽然维吾尔族社会个体在不同的社会场景中有不同的认同建构与认同群体，如同学、同事、邻里、同乡、战友、民族、宗教等。然而，正如前文所述，其“地域认同”不仅“根深蒂固”，而且对其现实生活影响很大。本书力图从人类学的角度，描述和诠释乌鲁木齐市维吾尔族中的同乡关系。试图解决如下问题：维吾尔族的地域认同观念是什么样的？地域认同的本质是什么？如何认识地域认同观念下形成的同乡群体？同乡群体地域认同的内容是什么？同乡群体的社会交往活动是什么样的？群体的内部结构如何？哪些因素促成并影响了地域认同的建构？地域认同观念与同乡群体的研究能给我们什么样的理论启发？

简单地说，探求认同问题就是在回答“我是谁”的自我认同问题，也即对自我的“定位”。其实一个正常的社会个体只要是在清醒的有意识的状态下，无时无刻不在时间与空间中、他者与外部存在之间不停地界定自己：我是谁？我在什么地方？我要干什么？……不然，社会个体就会很难意识到自我的存在。

认同（identity）的词典意义为：同一性，完全相同；绝对相同；身份；本身；本体，恒等式。[①] 也就是说，认同含有“与××相互一致、相互接近”的意思，它与“自我意识”“归属意识”等概念相关。“认同”的含义包括以下两方面：一是认为跟自己有共同之处而感到亲切，承认、认可和赞同；二是自觉地以所认可对象的规范要求自己，按所认可对象的规范行事。认同是在与他者发生关系的过程中产生的。因此顾名思义，认同有“认识同化”的意思，有“对某一现象承认认可并且自愿地按其规范行事”的含义。[②]

认同产生于社会交往中，通过区分“自我”与“他者”，形成个人与个人之间、个人与群体之间、群体与群体之间在彼此交往过程中因某些共性而产生认同。个人或群体在社会交往中，通过辨别和取舍，从精神上、心理上、行为上等，将自己和他人归属于某一特定客体。

地域、语言、风俗习惯、民族文化、职业、身份、国家制度等通常是认同的媒介。[③]

从社会学的观点看，很容易同意所有的认同都是建构这一事实。真正的课题是，认同是如何、从何处、由谁及为什么而建构的。认同的建构所运用的材料来自历史、地理、生物、生产与再生产制度、集体记忆及个人

---

① 李素华：《对认同概念的理论述评》，载《兰州学刊》2005年第4期。

② 李素华：《对认同概念的理论述评》，载《兰州学刊》2005年第4期。

③ 滕星、张俊豪：《试论民族学校的民族认同与国家认同》，载《中南民族学院学报》1997年第4期。

的幻想、权力机器及宗教启示等。但是个人、社会群体及社会，根据源于其社会结构及其时间/空间架构所产生的社会意志及文化计划，处理了这些材料，并重新安排了它们的意义。①

由全球市场带来的文化同构型，导致认同与社区及地方分离。同时也导致一些可以用以强化及再肯定国家与地方认同的反抗出现，或导致新认同立场的出现。② 当造成全球整合的经济与技术力量削弱了国家的地位时，它也同时强化对传统的认同。语言、文化、宗教与种族传统，均可增进个人的归属感。③ 而后冷战时期降临，既有国际体系概念解体后，世界各地的人们似乎只好用最切身、最原始的宗教与民族认同来理解已经几乎无法认知的新世界现象，因此以神祇、肤色、语言、地域为基础的集体认同，大行其道。④

现代生活的复杂性使我们必须设定许多不同的认同，但这些不同的认同彼此之间可能会有所冲突。⑤ 人类一直想要在个别族群与整个世界之间求得平衡。现今全球化与政治、经济、文化、社会等方面的快速变迁，正使得整体与个别之间的平衡问题进入新的层次。⑥ 在一个财富、权力与意象全球流动的世界中，寻求集体或个人的、认定或建构的认同，变成社会意义的基本来源。⑦

因为认同问题往往导致压迫、歧视与排斥的来源，所以化解认同危机成为当前需要解决的重要议题，建立一个具有包容性的主体意识，拒绝自我压迫，从而能舒缓征服与排外的情绪。⑧

笔者在此书中把地域认同作为核心因素，采用人类学与社会学相关理

---

① ［美］曼纽尔·卡斯特著：《认同的力量》，夏铸九、黄丽玲译，社会科学文献出版社 2003 年 6 月版。

② Woodward，K. eds. 1997. *Identity and difference*，London：Sage. 转引自前页注译 2 所注书目。

③ ［美］约翰·奈思比：《全球吊诡：小而强的年代》，顾淑馨译，台北：天下文化 1994 年版，转引自前页注译 2 所注书目。

④ 石之瑜：《后现代的国家认同》台北：世界书局 1995 年版，转引自前页注译 2 所注书目

⑤ Woodward，K. eds. 1997. *Identity and difference*，London：Sage. 转引自前页注译 2 所注书目。

⑥ ［美］约翰·奈思比：《全球吊诡：小而强的年代》，顾淑馨译，台北：天下文化 1994 年版，转引自前页注译 2 所注书目。

⑦ ［美］曼纽尔·卡斯特著：《认同的力量》，夏铸九、黄丽玲译，社会科学文献出版社 2003 年版。

⑧ 石之瑜：《后现代的国家认同》，台北：世界书局 1995 年版，转引自前页注译 2 所注书目。

论，借鉴社会认同（内群体与外群体）、族群认同（原生性认同与情景性认同）、族群边界（群体的社会文化边界）等理论里的一些理念，对地域认同进行进一步的研究，并在此基础上进一步把地域认同与前述各种认同比照，以此更加明确地域认同的本质与属性。

（二）研究方法及其实施

本书总体的研究模式是因果解释模式。由“果”探“因”，“果”即人们的行为层面——地域认同观念影响下的社会交往行为和事实，“因”即影响社会交往行为的观念层面——地域认同观念。因此，本书整体框架上又关系到社会学、人类学所关注的核心问题，即观念与行为之间的关系。

本书的表述模式采取人类学家格尔兹的文化解释，即文化承载者的表述（解释）为核心的表述模式。

因本研究关注的是地域认同观念下的社会交往实践——地域群体的社会交往活动。笔者对此社会现象的认识模式是：地域认同观念下促成的社会交往行为，即地域认同是观念；而地域群体的交往活动是观念促使下的“群体（集体）行为”，也即观念与行为之间的关系。由此，对这一问题的认识与解释模式进入到人类学的理论探讨框架中，地域认同是观念层面的，而这一认同下的交往是行为层面的。

首先，运用人类学“民族志”的描述方式，对所关注的地域——乌鲁木齐阿图什人地域认同观念下的社会交往行为进行了描述。描述的视角则从影响社会群体得以形成的关键因素——社会分层的角度进行人群分类，分别对阿图什人当中形成的单位社会、大学生、知识分子、商人、文艺界、政界等群体的地域认同观念及社会交往行为进行了描述。

其次，以解释人类学理念为出发点，以文化承载者“自我”对“自我”行为的解释为根基，描述并探讨了阿图什人地域认同观念形成的历史、地理、文化、社会等多种根源。

最后，引用韦伯、哈贝马斯的“社会行动”与“交往行动”理论，对社会交往行为的本质属性进行了探讨。韦伯用“合理性”概念来理解、区别社会行动，提出目的合理性行动、价值合理性行动、情感行动与传统行动。韦伯认为，工具合理性的行动是最具高度合理性的行动，而传统行动是由约定俗成的习惯决定的行动，是没有经过理性思考的行动。哈贝马斯在他的《交往行动理论》著述中也提出四种行动类别，即目的性的行动、循规性的行动、戏剧性的行动、沟通传意性的行动。哈贝马斯对其中循规性的行动的解释是共同价值为取向的行为，也称规范调节的行动。这种行动在以传统为根基的社会其实质就关系到“传统”。他认为以上四种行动是以不同的“世界”为先决条件的。其中沟通性行动比其他三种行动更为合理，因为它包含了前三个并列又相互制约的“世界”，构成了一个交往过程中的“共同从属的平等的关系体系”，所以沟通性的行动是具有社会学意义上的“行动”概念。① 笔者受此理论的启发，加上自身的经验研究，认识到社会行动的个体的理性交往行为是以“传统”的交往模式为蓝图以解释理解体系。

本书采用人类学的经典方法，即“参与观察与访谈方法”，获取了一些主要资料。以访谈为主，先从熟人入手（滚雪球的方法），与熟人访谈之后，由熟人推荐下一位访谈人，并从熟人那里获知访谈人的大概情况，争取深入访谈。调查时间分为两个时段：2006 年 3 月 3 日至 4 月 8 日；2006 年 5 月 11 日至 6 月 15 日。共 70 天。笔者参加了同乡聚会、葬礼、大学生的“老乡会”等同乡人的社会交往活动，并从 2006 年 7 月 12 日起在互联网上设立了调查阿图什人地域认同观念的“博客”网页，设计了维吾尔文、汉文各 24 项问题，在维吾尔文“火焰论坛”上也提出了一些问题，但访问量少，问题回答率很低。

笔者考虑到本书的表述中关联到一些具体的人、村落和他们的一些事迹，为了不给访谈人带来不必要的麻烦，本书在表述中尽量省略访谈人的关键背景信息。

笔者在调查过程中也遇到了一些具体问题，比如笔者性格内向，进行深入访谈时出现了一些沟通与交流方面的困难。访谈中很多时间都浪费在表述笔者想获取的信息中：一方面，人类学的知识体系对被调查者来说比较陌生（在访谈时对于笔者提出的细致的生活实践问题，很多的访谈人自然地流露出一种警惕）；另一方面，笔者在表达问题时也出现一些交流障碍。因笔者研究的是本民族的文化，所以有一个“进得去出得来”的问题，要敏锐地发现问题，客观地分析与研究问题，也有一定的困难。

① 侯钧生：《西方社会学理论教程》，南开大学出版社 2002 年 10 月版。

六、调查地点与调查对象

（一）关于调查地点

调查地选在新疆维吾尔自治区首府乌鲁木齐市，因为是省会城市，又是新疆的政治、经济、文化中心，所以该地是维吾尔族都市化最典型及其异文化碰撞最多的场域，也是地域文化异质性最强的城市，这里可以找到新疆各地区（阿尔泰、伊犁、克拉玛依、吐鲁番、哈密、库尔勒、阿克苏、喀什、阿图什、和田等地区）的人；同时，也是各个地域的人“自我”边界形成并强化的“理想”场所。因此，笔者选择了乌鲁木齐市作为研究维吾尔族地域认同问题的调查地点。

（二）关于阿图什人

如果笔者不把调查的范围缩小而去关注所有地域的人群，调查结果就不能深入揭示这种群体的深层结构，所以借用抽样的思路，专门选定一个地域的人群，这样调查和研究可以做得深入细致。基于这种思考，笔者把调查对象选定为阿图什人。

笔者调查阿图什人有自身的“研究优势”：一是笔者具有“有利”的社会资源（笔者妻子的亲属及其社会关系网络），这使笔者“打入”这个“地域群体”较为容易；二是因为笔者不是阿图什人，能够更好地进行“他观”。笔者通过《伊米德史》了解到阿图什原本是喀什的一个乡（现距离喀什市仅40千米）。当时，阿图什人在异地自认为是“喀什人”（这一点在20世纪早期去塔城移民垦殖的人当中得到证实）。新中国成立后，阿图什被定为柯尔克孜族自治州首府后，阿图什人的地域认同观念有了新的归属与强化。另外，当前阿图什人被称为新疆的“犹太人”，他们离开故土在外地做生意，是维吾尔族当中最有活力的一群人，在乌鲁木齐市维吾尔族社会中较其他地方的人具有更强的社会影响力。此外，历史上伊斯兰教的传入、19世纪末维吾尔族社会的“启蒙运动”“工业资本”和“足球运动”都是从阿图什开始的。如今，这些历史事实都使阿图什人的认同强化，并有了与其他地域的人具有明显区别的“社会标识”。因此，从研究的角度来说，阿图什人可以成为一个研究的典型个案，有利于继续深入研究和开展探讨。

七、关键概念解释

（一）社会认同

社会认同（social identity）是由 Tajfel 和 Turner 等人为解释群体行为而提出来的，认为个体对群体的认同是群体行为的基础。该理论主要的代表人物还有 Hogg 和 Abrams 等。社会认同理论自 Tajfel 在 20 世纪 70 年代早期首次提出后就开始发展，代表着一种欧洲社会心理学与北美的个体主义倾向的社会心理学的分离。社会认同理论认为，个体通过社会分类，对自己的群体产生认同，并产生内群体偏好和外群体偏见。个体通过实现或维持积极的社会认同来提高自尊，积极的自尊来源于在内群体与相关的外群体的有利比较。当社会认同受到威胁时，个体会采用各种策略来提高自尊。个体过分热衷于自己的群体，认为自己的群体比其他群体好，并在寻求积极的社会认同和自尊中体会团体间差异，就容易引起群体间偏见和群体间冲突。①

社会认同最初源于群体成员身份。人们总是争取积极的社会认同，而这种积极的社会认同是通过在内群体和相关的外群体的比较中获得的。如果没有获得满意的社会认同，个体就会离开他们的群体或想办法实现积极区分。人们会使用各种策略进行区分，Turner 和 Tajfel 认为有三组变量会影响群体间区分：（1）人们必须主观上认同他们的内群体；（2）情景允许评价性群体间比较；（3）外群体必须是可以充分比较的。Tajfel 认为对社会认同的追求是群体间冲突和歧视的根源所在，即对属于某群体的意识会强烈地影响我们的知觉、态度和行为。②

（二）族群认同

族群认同（Ethnic identity）是指族群对自己身份的确认，是成员对自己所属族群的认知和情感依附。族群的认同理论，最有影响的就是原生论

---

① 张莹瑞、佐斌：《社会认同理论及其发展》，载《心理科学进展》2006 年第 3 期。

② 张莹瑞、佐斌：《社会认同理论及其发展》，载《心理科学进展》2006 年第 3 期。

和工具论。原生论，代表人物是西尔斯（Edward Shils）、格尔茨（Clifford Geertz）、伊萨克（Harold P. Isaacs）与克尔斯（Charles Keyes）等，认为族群认同主要来源于原生性的情感联系，这种族群情感纽带是“原生的”，甚至是“自然的”。对于个人而言，原生性的情感来自亲属传承而得的“给定资赋”（givens）。基于语言、宗教、种族、族属和领土的“原生纽带”是族群成员互相联系的因素，强调这些共同特征是整个人类历史上最基本的社会组织原则，而且这样的原生纽带存在于一切人类团体之中，并超越时空而存在。对族群成员来说，原生性的纽带和情感是根深蒂固的和非理性的、下意识的。工具论也叫场景论，代表人物是德斯皮斯（Leo A. Despres）、哈尔德（Gunnar Haaland）与科恩（Abner Cohen）等。他们基本上把族群视为一种政治、社会或经济现象，以政治与经济资源的竞争与分配，来解释族群的形成、维持与变迁。工具论认为，族群认同是族群以个体或群体的标准特定场景的策略性反应，是在政治、经济和其他社会权益的竞争中使用的一种工具。它强调族群认同的场景性、族群性的不稳定性和族群的成员的理性选择，强调在个人认同上，人们有能力根据场景的变迁对族群归属做出理性选择，认为认同是不确定、不稳定的，是暂时的、有弹性的，群体成员认为改换认同符合自己的利益时，个体就会从这个群体加入另一个群体，政治经济利益的追求常常引导人们的这种行为。①

（三）族群边界

族群边界理论的开创者是弗里德里克·巴斯。1969 年，他在《族群与边界》（Ethnic Groups And Boundaries）一书中首次明确提出了族群的边界理论。巴斯认为，族群是由其本身组成成员认定的范畴，造成族群最主要的是边界，而不是语言、文化血缘等内涵；一个族群的边界不一定是地理的边界，而主要是“社会边界”；族群认同是一套特定文化同价值标准相结合的。不同的环境会有不同的行为，文化边界就是通过不同的行为而得以维持。在生态性的资源竞争中，一个人群强调特定的文化特征来限定我族群的“边界”以排除他人。实质上，巴斯是用族群的排他性和归属性特征来界定族群的，进而通过族群边界理论，提出了族群之间的界限问题。②

---

① 张海洋：《中国的多元文化与中国人的认同》，民族出版社 2006 年版。

② 张海洋：《中国的多元文化与中国人的认同》，民族出版社 2006 年版。

（四）地　域

地域这个概念不仅包括传统自然地理学指向的“纯物质”的“地理空间——地方”的内容，而且还包含发生在该地方的社会、历史与文化之“精神”的内容。①

（五）社会交往

关于社会交往理论，国内的研究大多关注对马克思主义的社会交往理论的探讨，笔者主要的着眼点是引用韦伯、哈贝马斯的“社会行动”与“交往行动”理论，主要是指导社会个体为了达到一定的目的与其他社会个体进行的“互动”。

（六）茶（qay）

维吾尔族习惯于把婚丧嫁娶之外，不属于正规仪式的聚会都叫作“qay”（茶），年轻人订婚叫“qay iqirix”（相互喝茶），日常生活中还有同乡茶、邻里茶、同学茶、同事茶、战友茶等聚会。有关这方面的详细研究，可参见周殿生、热西旦·依米提的《维吾尔人的 Resturan 及其社交文化》② 一文中的相关内容。

---

① 何致中：《地方与认同》，台湾大学地理环境资源研究所，博士学位论文，2002 年。

② 参见《新疆大学学报》2002 年第 4 期。

第一章　地域认同与维吾尔族文化的多元异质性

第一节　维吾尔族地域认同现状

我们今天如果关注一个特定社会与文化的内在本质和属性，探求人类社会运转的“共同规律”（虽然现代有些社会思潮避免或是批评人类社会与文化规律性的探索，但科学探索本身就是在探寻本体意识之外的“存在”之规律的活动），以求对所关注事务的“更全面、更真实”的认知。在人类学的学科发展史上，虽然人类学一直无法彻底摆脱为“帝国主义”或是“强权”充当“奴婢”与“侍女”的角色，但另外，人类学又担负了区分人类“自我”与“他者”这样一种知识体系的缔造使命，在这种使命的指引下不断地丰富和提高着人类对自身的认知。本研究就是立意于提高对“自我”本质的认识而从主体人类学的角度进行的，通过对维吾尔族社会结构中的一个特殊层面——地域群体的关注，旨在探求对维吾尔族社会当前的运转现状的认识。维吾尔族社会当中的地域群体，由于乌鲁木齐这种中心城市作用（其作为不同地域的人相遇的一个社会平台），使各地域群体的边缘与特征愈加显著与突出，继而为社会的运转产生了一定的实际影响——成为一个显的社会现象，最终进入研究者的视野与人类学表述的知识体系。

如果我们从他者的角度，异文化的眼光去看维吾尔族社会，除我们所最为熟知的社会分层的人群划分外（领导、知识分子、商人、工人、农民、城市贫民），乌鲁木齐市的维吾尔族社会还可以划分出一个地域的分层，如乌鲁木齐人、吐鲁番人、伊犁人等。在深入了解维吾尔族社会结构时，除关注家庭、家族、血缘群体、业缘、同学、单位等基本社会结构要素，必然触及地缘群体，且地缘群体对维吾尔族都市社会文化的现实影响不容忽视（这在后面各章的论述中将会进一步涉及），地缘群体之所以在社会现实运作中有“显著”的影响，无不与维吾尔族形成的特殊历史有关，而这个特殊历史却紧紧维系在特殊的自然地理和历史人文环境当中，撇开其中的任何一个方面，都很难深入研究维吾尔族社会文化的深层结构。如果更进一步认识这个问题，这些问题又会牵扯到自然地理——绿洲；历史人文——种族、民族迁徙，周边不同的文明，不同时期强盛的政权；天灾人祸——各种自然灾害（沙漠化、洪、旱、雪、风等灾害）；战乱、古丝绸之路的各种贸易、宗教传播与朝圣等方面。

维吾尔族传统上聚居在塔里木盆地以及吐鲁番、哈密等地，而在乌鲁木齐这样的“新兴”城市（相对于维吾尔族的传统生活区域而言），维吾尔人从籍贯上来讲，都是“他乡”的“移民”，新中国成立后（19世纪新疆设置行省后以“迪化”为行政中心），乌鲁木齐在新疆地区的地位凸显：从纯粹的行政中心变成了政治、经济及文化中心。此外，在新中国各种政治理念与民族政策的影响下，各区域与各民族平衡发展，乌鲁木齐成了新疆名副其实的中心。这里汇集了这个大区域各个民族、各个地区的各种“精英”，也为不同民族文化、不同地域的人彼此相遇造就了“平台”。在这种背景下，不仅民族的疆界在这里更加显著了，而且使维吾尔族内部因自然地理造就的不同的绿洲传统也在此得以浮现并强化，所以某某地方的人不仅成了一种社会标签，更是社会资本、政治资本的内在根源，这对乌鲁木齐维吾尔族社会的影响是显而易见的。地域群体是乌鲁木齐这种“移民”城市维吾尔族社会结构的一个层面，这种结构也在另一个移民城市——克拉玛依同样存在。

一、北疆与南疆

当前人们习惯于把新疆天山作为分界线，把新疆分别划分为北疆和南疆两个区域。北疆地区：乌鲁木齐市、昌吉、石河子、克拉玛依、博尔塔拉、伊犁、塔城、阿勒泰。南疆地区：喀什、和田、克孜勒苏、阿克苏、巴音郭楞等地区。另外，新疆还有人把吐鲁番至哈密称为东疆，以南自巴州起至和田、喀什称为南疆，自乌鲁木齐起天山以北全部称为北疆地区。

从地域认同的层面来讲，在乌鲁木齐维吾尔族内部会把人群认同为北疆人与南疆人（北疆隐喻着发达、开放、文明与富有；南疆隐喻着贫穷、落后与封闭）。在乌鲁木齐社会，北疆人有一种优越感，而南疆人则有一种自卑感。南北疆的这种认同是新中国成立后形成的一种认同现象。这里渗透了汉族人在区分新疆地理区域的认知层次。其实，在维吾尔族内部这种大的地域认同区分包括：altexelikh（六城人，即塔里木盆地传统的六个城市，吐鲁番人至今对现在南疆人以此来统称；另据《伊米德史》记载，清朝时吐鲁番人也是这么称呼塔里木盆地来的人的）、dolanlikh（哈密人、吐鲁番人指喀什人）、khaxkhalikh（伊犁人对喀什、阿图什等地来的“南疆人”的统称）。在这种大的地域区分之下，平时生活当中又往往彼此以“××地方人”而相互区分，互称为和田人、喀什人、阿克苏人、伊犁人等，如区分两个同名人往往是以其地域所属为依据的，甚至这种以地域划分人群的方式被用于判断一个人的行为取向与性格等方面。这种不同地域人之间××地域的“叫法与区分”与现在的行政区域划分是完全吻合的，但不同地域内部又会对各自进行细分。这种“细分”却往往与传统的绿洲历史、地域周边的文明有直接的联系。

二、乌鲁木齐维吾尔族社会的地域认同

乌鲁木齐市的维吾尔族社会，按现在的行政区划依次为（从北疆开始）：阿勒泰人、塔城人、伊犁人（包括霍尔果斯—新原人）、克拉玛依人（包括独山子人）、奎屯—石河子人、昌吉—玛纳斯人、哈密人、乌鲁木齐人、吐鲁番人、库尔勒人、阿克苏人、阿图什人、喀什人、和田人，如图1所示。

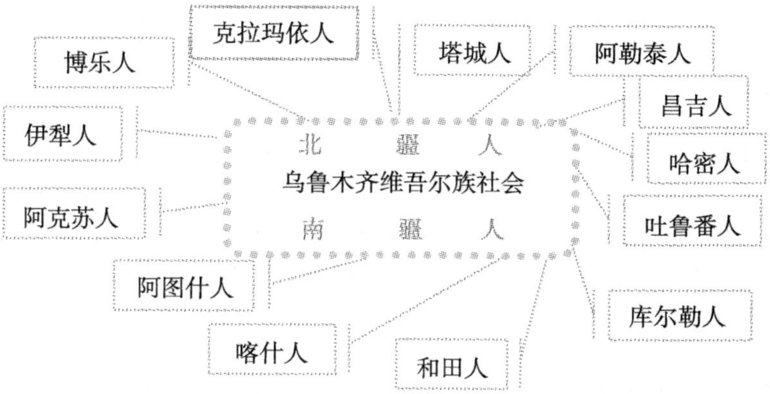

图1 乌鲁木齐维吾尔族社会的地域认同

现在的行政区域在一定程度上是以一个大绿洲附带邻近小绿洲的格局来划分的，历史上维吾尔族聚集生活的传统的地域有：哈密、鄯善—吐鲁番—托克逊—库车、焉耆—库尔勒—策达雅、阳霞—轮台、库车—沙雅—新河—拜城、温苏—乌什、柯坪—巴楚、喀什——伽师、莎车—叶城、墨玉—和田—于田。南疆诸地在维吾尔族传统观念里被称为七城“yette sheher”（哲的沙尔）。这七个城市有喀什、叶尔羌、和田、阿克苏、乌什、库车、吐鲁番。据《伊米德史》记载，清朝时期清朝政府称南疆诸地为“南路八城”，可能是在传统的“七城”基础上加上库尔勒后的说法。① 每个地域都是一个单独的“文化圈”，这个“文化圈”在方言、风俗习惯、族源等方面与别的地域有别。一个地域到另一个地域的“漫长”的自然距离被戈壁沙漠相区分。

三、不同文化区域的划分

第37号访谈人（一个自由作家，现为“养家糊口”，专门为一些地方人士“著书立传”，他大部分时间都在南疆各地“游历”）对南疆的人文、社会有很深且独到的见解与研究。按他的“研究”，把全疆维吾尔人聚集地分为以下一些文化区域：

---

① 毛拉穆沙·莎依然米：《伊米德史》，民族出版社1988年10月版。

哈密—吐鲁番文化区：其中包括哈密、鄯善、吐鲁番、托克逊等地。

罗布泊文化区：包括库尔勒、尉犁、策达雅—阳霞、轮台县轮台河东岸。

库车文化区：轮台县轮台河西岸、库车、新河、沙雅、拜城。

阿克苏文化区：阿克苏、温苏、阿瓦提（柯平、乌什文化中心）。

喀什文化区：疏勒、疏附、伽师、阿克陶。

莎车文化区：莎车、墨玉、和田玉龙喀什河西岸。

和田文化区：和田玉龙喀什河东岸、民丰、皮山、且末、若羌。

吉斯丁·詹·罗德逊的在他所写的《绿洲认同——中国丝绸之路上的维吾尔民族主义》一书中把新疆划分成四个“文化区域”（如图 2 所示）。由北向南分别为：俄罗斯影响区（包括阿勒泰、塔城、伊犁等地）、中国影响区（哈密、吐鲁番、乌鲁木齐等地）、中亚影响区（喀什、阿克苏、库车、库尔勒等地）、印度影响区（塔什库尔干、莎车、和田、若羌、且末等地）。

四、传统绿洲地域认同对现代行政划分地域认同的影响

绿洲可以说是一个较纯粹的地理学概念，而且是一个人文生态系统，对绿洲的词典解释是沙漠或戈壁之中因有水而产生的肥沃土地或绿地。

地域是一个包括地理与社会文化叠加的概念，一个地域的形成是这个地理区域自然环境、特定人群以及这个人群的族源及其传承、特殊的历史事件、与邻近周边的维系、周边的人文历史等诸多因素综合影响的结果。

新疆特殊的自然地理环境是造就今天维吾尔族独特的地域认同的主因。今天我们看到的各地域认同，几乎与新中国成立后划分的行政区域完全吻合，虽然各地域人内部划分又因各自的传统而不同，但这些人与外地域的人相遇时还是以行政区域中心城市的人“自居”，如一个新疆巴音郭楞蒙古自治州（简称巴州）且末县的维吾尔人在见到另外一个异地的维吾尔人时会称自己是库尔勒人，因为巴州的首府城市是库尔勒，但对于一个想追根究底的人来说（根据维吾尔人已形成的思维习惯与经验），这种回答还不足够，还会问“库尔勒的哪个地方”，那人就会说自己是且末县人。如果不懂这个逻辑的外族人，或是不熟悉新疆地理情况与人们表达习惯的人，会认为这个人就是库尔勒市人，可库尔勒和且末相距 700 多千米。其

图 2　吉斯丁 · 詹 · 罗德逊所划分的文化区域

实从文化地域与地理分布上来说，且末人更接近和田地区的民丰县，且末人应该属民丰—于田—和田这个文化地域系统的，但他们目前的地域认同与行政区域的归属完全一致。

但也有些地方的人不以行政区划为认同的基础，如在乌鲁木齐生活的阿克苏地区库车县的人，基本上不把自己认同为阿克苏人，他们有自己单独的同乡聚会，而库车周围的沙雅县、新和县人都倾向于把自己认同为库车人，库车人也对他们有认同，但对邻近的拜城县人却不怎么认同。乌鲁木齐市的阿克苏人内部又以柯平县、乌什县、阿瓦提县三县人对各自的县有较强的认同感。

同样的实例是莎车人的认同感。在乌鲁木齐生活的喀什地区莎车县人在大多数情况下单独举行同乡聚会，如果在高校大学生这样的群体中，莎车人人数很少时，他们才会考虑加入喀什老乡会，否则会单独聚会，但相比之下距离喀什比莎车县更远的麦盖提县、泽普县的人则更倾向于加入喀什人的同乡活动。

据美国人 Justin Rudelson《绿洲认同——中国丝绸之路上的维吾尔族民族主义》研究的视角，在没有现代交通工具的情况下，古代行人以马、驴、骆驼为工具，喀什到吐鲁番都要40天左右。这说明在古代的交通条件下自然距离与地理阻隔对不同地域认同的形成确实影响颇深。

如果我们以比较近代的地理疆界为视角（略去中亚萨玛尔汗、安集延等地的影响），去理解维吾尔族的城市化与城市社会结构，去看待乌鲁木齐的出现，以及近代乌鲁木齐以地域认同为根基的维吾尔族社会的成型，可以看到新中国成立后的政府在权衡各地域共同发展思路，并在此思路下形成上述的（城市里的地域群体）格局。北疆也是在清代开始有南疆的维吾尔族移民垦殖（根据《伊米德史》的表述，在当时维吾尔人的“地理认知”里塔城、阿尔泰、博乐等地是非常模糊的），而且这些人当中以阿图什人移民居多。

第二节 地域认同的根源：维吾尔族文化的多元异质性

一、对维吾尔族文化多元异质性的认识与思考

文化是民族特征的决定性因素，虽然这已是人类学的常识，但在维吾尔族的传统观念里，往往把一个人的性格、秉性、心理等特征与生理遗传相联系，认为是由这个人的血液“造成的”或是“遗传的”，成语有：khan bilen kirgen huy janbilen qikhar（直译：血液里带来的秉性，一直伴随至死去；意译：江山易改，禀性难移）。在此观念的影响下很多维吾尔族人认为：维吾尔族自身的一些民族性特征、心理是由维吾尔人身上流淌的“血液”造成的（有些时候指血液的 khan 这个词也被赋予了象征意义，指民族的秉性）。如果深入研究新疆及维吾尔族形成的历史，我们会很容易地发现维吾尔族源及文化的多元异质性。只要认识到这一点，理解当前维

吾尔族出现的一些社会文化现象，就会有根有据。

塔里木盆地及其周边地处亚洲腹地，由古丝绸之路维系着她与中原、古希腊、古罗马、古印度、波斯、阿拉伯等文明的接触与交流；同时北方诸游牧民族频繁活动于该区域，在戈壁与沙漠间的绿洲中，留下了诸多文明的足迹。这些文明的继承者，后来就“糅合到”这块土地上形成的维吾尔族当中。维吾尔族是伴随着塔里木盆地原居民突厥语化与伊斯兰一元化信仰而形成的。纵观其形成史，其族源是多民族、多种族的融汇，其地域是文明多元、多样的格局。而这些方面又是一个民族形成过程中，影响其体质特征和文化特征的一些决定性因素。

从表象看现代维吾尔族文化具有较浓厚的伊斯兰农耕文化特征。但事实上其细枝末节却复杂多样：民间萨满跳神医病依然活跃，祆教的拜火遗风依然存在。对畜牧经济的依赖，使其保留了诸多游牧文化因素，其体质特征呈现高加索人种与蒙古利亚人种的混杂。因此，如果透过维吾尔族文化的表象视其底蕴，会发现其文化的多元性特征。要把握这一特征，必须从民族形成的历史与特定的地域——新疆的自然地理等客观特征入手，分清维吾尔族文化的源流与脉络。我们在此探索“文化”这种具有广博内涵的概念，在一个民族形成过程中如何“聚合”到该民族起决定性作用的特征上。

（一）自然状况与经济形态

新疆地处亚洲腹地，远离海洋，雨水稀少，气候干燥，属典型的温带大陆性气候。塔里木盆地北缘是白雪皑皑的天山山脉，西南至东南边缘是雪天相映的帕米尔高原、昆仑山脉与阿尔金山脉，中部则是浩瀚的塔克拉玛干大沙漠，盆地边缘是高山雪水融化冲积形成的几大绿洲。特殊的地理环境，造成该地居民自古以来就以农耕经济为主，依赖畜牧，并发展适当手工业的特殊经济形式。

（二）新疆古代民族、种族的多元性

新疆自古就是一个多民族、多种族汇聚区，历史上曾有塞种人、月氏、匈奴、汉、乌孙、羌、鲜卑、柔然、突厥、黠嘎斯、回鹘、吐蕃等许多古老的部族在此地域活动。沿塔里木盆地各绿洲及吐鲁番盆地，曾有过于阗、莎车、疏勒、龟兹、车师、鄯善等城堡古国。《汉书·西域传》载

“西域三十六国”，《大唐西域记》载西域诸国“语言各不相通”。直到今天，新疆境内仍生活有维吾尔、哈萨克、柯尔克孜、蒙古、回、塔吉克、锡伯、满、塔塔尔、乌孜别克、俄罗斯、达斡尔、汉等民族。

（三）新疆古代语言文字的多元性

新疆的古代文字中出现的文字有怯卢文、吐火罗文（其中包括了甲、乙种）、粟特文、回鹘文、突厥文、摩尼文、叙利亚文、阿拉伯文、吐蕃文、汉文等。9 世纪前南疆有 24 种文字、9 种语言，加上突厥语有 10 种语言。

（四）新疆古代宗教的多元性

历史上在新疆先后出现过的宗教有原始宗教（萨满教）、祆教、佛教、摩尼教、道教、景教、伊斯兰教等。

（五）新疆的古代文明与维吾尔族文化传承

新疆古代文明的多元性，地域上多表现于塔里木盆地边缘的许多绿洲。大体在天山以南，时间上从公元前后至盆地居民的伊斯兰化（即 16 世纪初），就在此特定的时空上出现了今天维吾尔族主体。伊斯兰化的维吾尔族主体，是否完全摒弃了其先民和故地“五彩缤纷”的古代文明？笔者认为这些丰富的文化遗产，积淀在浓厚的伊斯兰文化下。要发现它们、挖掘它们，最好的方式是深入实地去探寻这些文明的遗产。

维吾尔族民间众多文化事项中保留了多种宗教特色。万物有灵论观点普遍存在，对天地日月的自然崇拜及对各种动物的图腾崇拜（有时燕子、蛤蟆出现在家中是福气、富足兴旺的象征，各种动物的头颅悬于门前房顶及清真寺院以驱邪）。萨满施巫术、拜火，认为自己的命系于天上的星辰等，有原始宗教等宗教色彩。民间还崇奉“连蚂蚁都不踩死”，即“不杀生”的道德标准。能够奉行这种道德的人称为“mvmin”，意为“虔诚信士”，这又可以说是佛教诫杀生观念的遗留。凡此种种，不胜枚举。

人们对其文化的传承与积淀往往表现出功利性，没有功能的文化绝不会被长期传承，也会被历史所淘汰。维吾尔族在传承其先民的文化时也不例外。如非伊斯兰的萨满及大自然万物有灵崇拜，或者是为了驱病，或者是为了“讨好”大自然以免遭横祸，都是被保留在强大的维吾尔族伊斯兰教信仰体系下。按新疆的客观历史，其居民之所以选择农耕文化是与自然地理相协调的结果，也是功利的文明。

史诗《乌古斯可汗的传说》是一部维吾尔族先民创造的具有典型萨满教色彩的作品。但在后来，伊斯兰教传入之后作品中的“乌古斯”变成了虔诚的伊斯兰教徒。① 由此可以推断，很多先前的文化传统必须“披着宗教外衣”才能够传承，这不仅是人们对文化传承具有功利性的证明，也是新疆古代文明如何在维吾尔族伊斯兰文化主体遗留过程中所呈现的特色。也就是说，一种民族文化在形成过程中，各种外来文化只能聚合到该民族主流文化中，并要被主流文化“重新加工”。

二、关于多元宗教信仰的一些思考

如今回顾维吾尔族信仰史，最为“触目”的就是其在伊斯兰一元化信仰之前频频“更替”的各种信仰：原始宗教（萨满教）、祆教、佛教、摩尼教、道教、景教、伊斯兰教。这无不引人深思——“维吾尔人族性善变”？或另有他因？是什么力量致使像信仰这种具有顽强根植力的“价值源泉”，在历史长河中“转瞬”扬弃？笔者对此想求一解，查看了一些资料后，最终觉得自己目前的学术“功力”还远不能对此求得满意的答案，只是有一些不成熟的体会和想法。也就是说，今天我们如果探讨伊斯兰教在中国穆斯林社会不同民族中的民族性特征，首先要考虑的主要因素莫过于这些民族在接受伊斯兰教信仰前所持有的文化或信仰特征。经过梳理，笔者认为大概可从以下几个方面考虑维吾尔族在其发展历程中的信仰多样性。

（1）不同宗教传布的地域不同、接受不同宗教的族群不同（不同地域种族不一，且都与今天的维吾尔族形成有联系）。

（2）不同宗教传入历史阶段不同。

（3）绿洲小政权对不同宗教的“宽容”程度不同。

（4）不同精英人物和不同政权的“喜好”不同。

（5）受周边不同强大政权宗教势力的影响程度不同。

（6）不同社会经济形态对不同宗教的态度不同。

这些信仰中要属根深蒂固的就是“萨满信仰”。维吾尔族社会接受伊

---

① 瓦依提江、艾斯哈尔：《维吾尔古典文学初探》，民族出版社 1987 年 4 月版。

斯兰教已经千年有余，但在民间萨满文化活力尚存。究其根源，“萨满”这种原始自然灵力崇拜的精神内涵与没有受系统教化的“初民”的思维能力有关，用列维·布留尔的语言概括就是原始的思维模式。另外，就当前的情形而言，真正的伊斯兰教有识之士居住在城市，而偏远的农村却成了精神荒原（据1997年维吾尔族Jamaat群体调查时所发现的情况知晓）。以此推论（以当今之眼光衡量过去可能缺乏严谨），历来掌握伊斯兰之精神精要的宗教人士——毛拉、阿訇未能深入穷乡僻壤之缘故。下文就对以上所阐述的内容尝试做进一步探讨。①

（一）萨满是“原始思维模式”

萨满信仰是广布于亚洲北部的最为古老的一种信仰文化，笔者认为也是人类在进入“理性”化思维阶段前的一种原始思维模式（当前很多民族日常生活中所谓的“迷信”禁忌就属此类）。

如今，维吾尔族民间所持与伊斯兰教所格格不入的种种行为准则，多与原始自然灵力的萨满文化的世界观有关，尤其是在维吾尔人的禁忌中表现最盛。如人一大早不能嗔怒，“早晨吃的一天到晚都要吃”“灶灰和垃圾不能一起倒”“和面的盆子要干”“扫地时不能向着里屋扫”“下身的衣物不能挂得很高或放在头部”“晚上不能照镜子”“晚上不能剪指甲”“洒水时不能用手泼洒”“孕妇不能看兔子、猴子”“孕妇不能从渠上跨过”，凡此种种，不胜枚举。只要不是特别专职的宗教家庭都在相当程度上遵奉着诸多在伊斯兰教教义里“不成文”的信条，而这些信条多数都可以用“顺势巫术或接触巫术”之原理解释。又如，很多维吾尔族商人或手工业者在出售自己的商品前都要烧蜂巢来熏自己待售的货物。笔者分析，当“先民们”看到蜂巢对蜜蜂的“神秘吸引力”，认为蜂巢具有对事物的吸引能力，而这种“能力”能通过某种仪式传递给“他物”——有时，有些家庭对待出嫁的女子也进行这种熏烧仪式，使她更具“吸引力”。再如，维吾尔族生意人每天早晨在接第一笔生意的钱时，多数人不会忘记让顾客把钱直接扔到地上，生意人有意识地把钱踩几下后，捡起钱在所出售的货物上触碰一下，通过此寄希望于赚更多的钱。问及原由，解释说：“大地有birket（福泽），通过此让自己的货物有更多的福泽。”笔者分析认为，在初民思

---

① 依据笔者2001年8月至9月对维吾尔族萨满信仰现状调查整理。

想里大地具有能使一粒种子长出多粒种子的神秘特性，而这种特性能够通过巫术仪式进行传递。这样的例子在维吾尔族民间数量确实很多。

总之，这都说明维吾尔族民间人们的行为准则在遵循着一种“原始思维模式”，而这种模式由其祖先的集体表象早已内化为集体无意识，更何况这种思维模式从未被别的意识有效地“格式化”过，他们没有受工业社会或是信息时代的洗礼，历史从未给过他们“文艺复兴”“五四”式的反省机遇，只是在20世纪80年代开始的宗教意识的复兴，很多不符合伊斯兰教教义的东西开始逐渐被摈弃，正如笔者前文所述，内化为集体无意识的思维模式则很难在短期内丧失殆尽。

（二）伊斯兰教“势力”在城镇

据笔者1997年所作的调查，发现很多农村在农忙季节里清真寺里没有人做礼拜了，情况“好”一点的地方也只是晨礼有人，但人数也不是很多，其他礼拜时间无人来清真寺做礼拜。清真寺阿訇的“专业水平”也与城市里的有很大差距，真正有学识的大毛拉多数在城市里居住，偏远的农村缺乏“专业宗教人士”（当然，为说明此应该有专门的统计数字才更具说服力，笔者在此仅能根据一般的经验判断）。历史上是不是这种情况，笔者因没有深入了解历史而不敢妄言，但从目前维吾尔族农村社会萨满文化生机依然的情况推测以及人类较普遍的生存规则，历史上穷乡僻壤也是文化的荒漠，所以历史上的情况可能只是更糟而不比现在要好。这个原因也就给萨满文化长期在伊斯兰教一元化信仰下能够找到生存空间。

（三）萨满信仰在民间所发挥的作用

根据第五次人口普查资料，有80%的维吾尔族居住在农村，也就是维吾尔族大多数人是农业人口，而新疆大多数乡村医疗卫生、社会福利事业水平低下。这也是萨满文化得以延存的有利条件。维吾尔族民间的萨满可以说是有求必应，各种疾病萨满或叫鬼灵附体或叫因果报应或叫人之谋害，总是有说法和一套相应的“治疗”方法。人们前途未卜时就去找萨满探知凶吉。相当多的城市维吾尔人对此也很“迷信”。[①] 很多时候维吾尔族

---

① 2001年9月，笔者的爱人到吐鲁番调查时了解到她所采访的萨满（其中有一位回族女萨满）经常有来自乌鲁木齐市的“求医人”。

的萨满不灵验时也去找蒙古族的萨满和汉族的“术士”，这说明虽然我们处在21世纪的信息时代，但如果人们的生存状况与观念没有发生深刻的变化，萨满就能找到生存的空间。

（四）萨满借伊斯兰教之形态生存

2001年笔者在阿图什市的四个不同乡村“拜访”了四位维吾尔族“萨满人士”，都是“虔诚”的穆斯林。其中有一位还去沙特阿拉伯朝觐过，还有名气比较大的女巫师称自己是非常虔诚的穆斯林。笔者有幸观看了她的一次治疗，她给病人治病时所念的“咒词”全是《古兰经》里的章句，偶尔夹杂维吾尔语祈祷驱病的唱词。另一位男巫师（dahan 跳大神的人）给笔者说，他跳大神时所念的唱词都是歌颂真主之伟大的维吾尔语唱词。他提供的一个较重要的材料是：他强调不是随便哪个人会了“咒语”就能灵验的，必须要有从师父或从鬼灵处所给予的“udum”。笔者对“udum”的理解是“师命”或“师父的认可”。很多维吾尔族宗教人士或是虔诚的穆斯林，对他们持非常反对的态度，也对找萨满的人非常反感，但现在这些人终究不能左右局势。以上的材料说明维吾尔族当中的萨满找到了和伊斯兰教的一个结合点。

总之，从上述没有展开详谈的材料中，我们可以看出伊斯兰教在维吾尔族中的一些族性特征，维吾尔族先民所特有的传统（无论是漠北人还是塔里木人，对原始的自然灵力崇拜很难分清到底谁继承了谁）多多少少还是被保留下来，这也为文化人类学之文化涵化或濡化的深入思考提供了一定的线索。笔者粗浅地认为，文化的接受或摒弃离不开其承载者的功利态度，回到本书探讨的主题，笔者是想说人民的生存欲求最终占了主导地位……这也更加有力地证明了维吾尔族文化的多元多样性特征。

第三节　对阿图什地域的认知

乌鲁木齐市阿图什人的主体（企事业单位的工作人员），是新中国成立以来因工作、学习等原因从阿图什来到乌鲁木齐的，而阿图什籍商人在乌鲁木齐市的增多也是1995年以后才出现的情况，因此，笔者认为有必要对阿图什的概况及建置沿革作一简要介绍。

一、阿图什的自然、地理、人口与经济概况[①]

阿图什市位于新疆维吾尔自治区西南部，天山南麓，塔里木盆地西缘，西与吉尔吉斯共和国交界，边境线长 120 多千米。阿图什市东西长 241 千米，南北宽 136 千米，全市总面积约 1.61 万平方千米。

阿图什市于 1986 年经国务院批准撤县设市，辖七乡两个街道办事处，是克孜勒苏柯尔克孜自治州的首府，为全州政治、经济、文化中心。2003 年全市总人口 20 万人，有维吾尔、柯尔克孜、汉等民族。其中维吾尔族 16.22 万人，占 79.88%；柯尔克孜族 2.41 万人，占 11.87%；汉族 1.63 万人，占 8.01%。

2003 年，全市生产总值达到 5999.09 万元，其中第一产业完成 1758.3 万元，第二产业完成 9992 万元，第三产业完成 3233.4 万元。地方财政收入完成 3062 万元，农牧民人均纯收入达到 1537 元。工业经济形成了矿产开发、建筑建材、副产品加工、盐业加工、机械制造、地毯、印刷、粮食加工、食品加工、电力等多门类适合本地特点的工业体系。非公有制经济是阿图什市经济发展的一大优势，贸易往来遍布 30 多个大中城市和中西亚 10 多个国家，常年在外采购商品和经商做生意的就有 3000 多人，涌现了一大批以经商为主，多业并举的富裕大户，拥有 100 万元以上资产的有 300 户。个体私营经济向国家纳税占全市工商税收的 23%，占财政收入的 10%，个体私营经济已成为阿图什市经济发展的一个新的增长点。

阿图什地处塔里木盆地西缘，西南天山的西南坡，境内高山连绵，沟谷遍布，地势由南向北逐渐升高。属典型的温带大陆性气候，四季分明，光热充足，干旱少雨，春季升温快，天气多变，多浮尘、干旱。最热月平均气温 27.4℃，最冷月平均气温 -9℃，年日照时数 2500—3000 小时，无霜期长，平原区 243 天，山区 170 天，年降水量最少的平原区平均降水量为 78 毫米，最大的山区年降水量为 250 毫米以上，境内多西北风。

阿图什市地处南疆"金三角"拥有吐尔尕特、伊尔克什坦两个口岸及国家二类口岸西域商贸城，西通西亚各国，南通巴基斯坦、印度，北连吉尔吉斯斯坦共和国，是古丝绸之路上的一个交通枢纽。

---

① 此部分内容参见阿图什市人民政府网站的相关资料。

二、阿图什的历史概况

汉朝以前，市境属疏勒国。汉宣神爵二年（前60），正式归入汉朝版图。魏晋时，阿图什辖于西域史府，隋开皇三年（583），阿图什属西突厥。唐贞观二十三年（649），隶属于安西都护府之疏勒都督府。唐开成五年（840），回鹘等部建设喀拉汗王朝，阿图什是其领地。蒙古汗国时，阿图什属察合台汗领地。元明之际，阿图什属东察合台汗国。明正德九年（1514），叶尔羌汗国建立，阿图什是其领域之一。清乾隆二十四年（1759），清政府平定大小和卓之乱后，阿图什受喀什噶尔办事大臣管辖，阿图什庄设阿奇木伯克，管理地方事务。清光绪十年（1884）阿图什辖于新疆省。

民国27年（1938）9月，阿图什设治局成立，下设四镇六乡，即集兴镇、忠孝镇、永宁镇、依山镇、和顺乡、农丰乡、和平乡、信义乡、仁爱乡、水源乡。将原属伽师县的大阿图什庄和原属疏附县的小阿图什庄划归其管辖。民国32年（1943）1月，阿图什设治局升格为丙级县，隶属于喀什行政长公署。1950年3月成立阿图什县人民政府，隶属喀什专员公署；1954年7月14日，克孜勒苏柯尔克孜自治州成立，阿图什县划归其管辖，并被定为自治州首府；1986年6月，国务院批准撤销阿图什县，成立阿图什市，现全市辖七乡两个街道办事处，即松他克乡、阿扎克乡、阿湖乡、上阿图什乡、格达良乡、哈拉峻乡、吐古买提乡、光明街道办事处、幸福街道办事处。

第二章　“他者”眼中的“我”

人类学产生以来主要关注于“他者”——异文化的研究与表述，也就是说，人类学研究者相对于他的研究对象是“我”与“他者”的关系。研究者与研究对象之间的关系是西方与非西方，或是以非研究者自身的主体文化为研究对象。笔者在此借用“他者”的表述理念，指来自阿图什地域以外的“异地人、异民族的人”，只要不是阿图什人都界定在“他者”的范围内，而“我”在此即指阿图什为祖籍的维吾尔人。笔者之所以采用这种表述方式，是想了解与表述新疆不同地域的人视野中的阿图什人是什么样的。不同地域的维吾尔族与其他民族主观意识里对阿图什人的“印象”是什么样的，由此勾勒出对阿图什人非学者视角的“他观”。

在收集新疆的异地人、异民族——“他者”对阿图什人——“我”的评价资料时，除访谈资料外，笔者还关注收集了“主流话语”——媒体对阿图什人的相关报道，同时还有一些网络论坛中一些去南疆旅游的新疆汉族人视野中对阿图什人的评价与认识。一方面，这些媒体报道虽然不是第一手的观察与访谈资料，但媒体工作者在写作这些文章时也收集并关注大众的评价与认识；另一方面，这种报道很容易形成主流话语体系的观念与认知。笔者挑选了几篇有代表性的报道附录于本章，以便我们对“阿图什人”从多种角度形成较为立体而清晰的印象。

笔者在调查中发现，普通身份的“他者”与维吾尔族知识分子身份的“他者”对阿图什人的评价不尽相同。普通人对阿图什人的评价“良莠不齐”，但维吾尔族知识分子大多给阿图什人以正面、积极的评价。

第一节 普通人的观点

以下是笔者在调查过程中，随机抽样10个人访谈获得的普通人视角的一些总体“评价”。

新疆各民族当中，一提起阿图什人，人们头脑中首要的概念就是：“新疆的犹太人”——阿图什人精明，会做生意，只要有能赚钱的机会与地方就有阿图什人的身影——“月球上卖空气的阿图什”（有关阿图什人会做生意的笑话与幽默故事在新疆流传很广）、阿图什人的足迹遍布各地——“切西瓜都能切出阿图什人”，阿图什人有很强的生存能力——“阿图什人摔倒了也不会空着手起来——会揪一把土起身”，更有甚者“不要说是摔倒在泥土地上会揪一把土，哪怕摔倒在水泥地上都会揪一把水泥起来”。新疆各地有钱的都是阿图什人——“阿图什人爱钱、爱财”，阿图什人“不讲人情，不讲礼仪，只会计较钱”。更有人称阿图什人爱吹牛（流传的笑话：因为爱吹牛，所以自治区在分车牌号时给阿图什人分的车牌号是“新P”。“P”是维吾尔语，是“poqi——吹牛”这个词的缩写），这都是一些流传在社会上的一些对阿图什人的“外在印象”，但所有这些评价阿图什人的外地人都共同认为阿图什人非常团结。

第二节 知识分子的观点

这里的知识分子指了解维吾尔族历史、有较高学历的人。

阿图什人善于经商，富有冒险精神，他们敢到处闯荡，最早在国内、国外经商，人数也最多。阿图什人聪明能干、精明、非常团结。阿图什人第一个接受了伊斯兰教，第一个引进现代教育，第一个引进了现代工业，第一个引进现代足球运动。阿图什人重视教育，他们中有很多知识分子和高级干部。

访谈资料：第8号访谈人（大学学历，库尔勒出生，现在乌鲁木齐市某政府职能部门工作）提供如下资料：

阿图什和喀什很近，阿图什人的宗教信仰很虔诚，第一个信仰伊斯兰教的国王苏里唐苏图克布格拉汗的maza（坟茔、麻扎）就在此地。阿图什人很勇敢，富有冒险精神，他们闯内地，投资各种具有风险的行业，都是冒险精神的体现。阿图什是小地方，但是出去的人很多，在阿图什本地他们不是很团结，可是他们到了外地有意识地给别人显示自己的团结。阿图什人对自己的家乡很自豪。阿图什人喜欢表现自我（dawho），好大喜功。在阿图什有些个人出资修建很大的清真寺。阿图什人遭受过很多自然灾害，饱尝生活之艰辛，所以生活节俭，反对浪费，但是对于客人、自己喜欢的人会很大气。阿图什人内部分化很严重，“搞地方主义”，每个村落自我认同都很强，因为历史上每个村落都有过自己的伯克，他们爱炫耀自己的实力，借以增强自己村落的认同。阿图什人有理智，头脑很清醒。

第41号访谈人（维吾尔族知名作家，喀什地区麦盖提人，现在乌鲁木齐市某文艺部门工作）：

阿图什人具有很强的凝聚力，大家都能团结一致。他们聪明、敏感、有远见，商业意识、经济意识很强，富有冒险精神。在世界各地无论到哪，他们都容易发现机遇，能把握机遇，并热爱自己的故乡。强者能够带动弱者，信仰虔诚。他们非常注重信息，依靠信息管理自己的生意。其普遍重视教育，注重培养孩子独立的生活能力。注意保护自己家乡和同乡人的利益。阿图什人都是“人杰”，都很“厉害”，没有那样“拉不直、扯不展”的人。阿图什人不盲目崇拜人，从不奉承别人。

在维吾尔族历史上，阿图什人在学术、教育、宗教等方面都做出过贡献。

阿图什人的妇女晚上不去看电影，也不去娱乐场所或是上街，男女平等，道德意识很强，对家庭、婚姻很忠诚。

第56号访谈人（大专学历，库尔勒人，就职于库尔勒某私人企业）：

阿图什人很善于把握机遇。据说有一个阿图什人和澳门的行政长官有关系，当澳门回归的时候，花了很多钱在和田定做了一个很大的地毯，地毯上的图案是行政长官的肖像，这个地毯赶在澳门回归仪式举行时挂在了举行仪式大厅的一面墙上。后来这个阿图什人据说“发了财”，可能也得到了很多商业机会。

第三节 媒体中的阿图什人

新闻报道、网络贴吧与论坛作为现代的“媒体”，对主流社会的认识起到的主导作用是不言而喻的，所以笔者也关注了“媒体”视野中对阿图什人的相关表述。如果在网络中搜索阿图什人词条则有很多相关内容，笔者选择其中较有代表性的几篇，由此更加清晰地明确他者视角中对阿图什人的认识。

一、精明的阿图什商人①

新疆新闻在线网 5 月 31 日消息：谈到维吾尔族商人，人们先谈起被称为“中国的犹太人”的新疆克孜勒苏柯尔克孜自治州的阿图什商人。

阿图什商人经商的历史源远流长，从汉朝开始，丝绸之路商贸孕育并培养了阿图什商人。当时，阿图什是丝绸之路必经之地，成为东西方商人聚集和进行交易的重地。

据历史记载，当时的商人通过阿图什，将玉石、象牙、香料等商品带到中原，再从中原带回丝绸、茶叶、手工艺品、陶器等商品在这里进行交易，或带到中亚、西亚和欧洲。

从 19 世纪中叶开始，阿图什商人吾山巴依阿吉和巴吾东巴依兄弟俩继承了他们的父亲木萨巴尤夫的商业事业，率先在伊宁市建立了近代真正意义上的商行，并在喀什、阿克苏、库车、莎车、迪化（现在的乌鲁木齐）、巴楚等地建立了分行。他们提倡并建立了学习各类科学知识的现代化学校，从德国率先引进先进的皮革加工生产线，在伊宁市建立了当时最先进的皮革厂，为周边地区和国家提供工业产品。这个工厂就是现在的伊犁皮革厂的前身。

而今，阿图什商人不断挖掘新商机，他们继承祖先的精明远见，率先

① 资料来源：百度贴吧“阿图什”吧。

将吐鲁番葡萄、哈密瓜、和田核桃等新疆特产运送到内地各省区以及中国香港和中国台湾，甚至出口东南亚。后来很多阿图什商人又开始到中亚、西亚，甚至西欧去做生意。

据统计，现在在中亚各国经商的阿图什商人已达5000多人，在阿图什，拥有百万元以上资产的农民富翁已达200户。他们主要经营纺织品、鞋帽、家电、钢材生意。吉尔吉斯斯坦首都比什凯克的三大市场有两个为阿图什商人所掌控。

有这样一个故事：有人上了月球，在月球上碰到了一个人，问他是哪里人，对方告诉他说：“我是阿图什人，想了解一下在月球上有没有赚钱的机会。”

这虽然是个小故事，但能够充分说明阿图什商人敢于闯荡，敢于冒险，特别精明的一面。代代相传的商业历史和独特的地理环境鼓舞着阿图什商人的经商意识。因为，阿图什历来地少人多，严重缺水，地理环境恶劣，假如不努力就会成为恶劣的地理环境的俘虏。

肉孜阿吉阿图什是个典型的阿图什商人，他在新疆成立了新疆伊合拉斯实业发展有限公司。该公司成为世界著名食品加工企业ULKER集团的中国区总代理。肉孜阿吉是很常见的维吾尔族人名，可是后面加了阿图什三个字，意义就不一样了。

肉孜阿吉兄弟五个人分别管理三个经济实体。1988年长子库德热依提阿吉建立了乌鲁木齐金鹰公司，1994年，两个兄弟在土耳其，建立了“阿图什兄弟电子进出口公司”，从那时开始，他们的亲朋好友在他们的名字后面加了阿图什这个名字，同年，兄弟五个人同心协力建立了新疆雄鹰商贸有限公司。

买买提江阿吉也是最早在内地创业的阿图什商人之一。他从20世纪50年代就先后在上海、苏州、广州、温州等地做布料、服装、鞋帽生意，然后将生意扩大到中亚、西亚、东欧等国。他的子孙现在都在上海定居、工作。

任何成就都来之不易。他们在做生意的过程中受过不少磨难和委屈。尤其在中亚的阿图什商人中常有人被绑架，被勒索，货物被烧毁。但他们从来不屈服，这就是阿图什商人的本性。世界任何一个角落都能看到他们的影子。因为他们具有很强的适应能力及语言天赋，特别团结和睦，无论走到哪里，很快就把自己融入那里。①

二、吉尔吉斯的阿图什商人②

通讯员栗新铭：地处帕米尔高原的阿图什市，有着“西部商都”的美誉。近年来，随着我国改革开放政策的不断深入和吐尔尕特口岸、伊尔克什坦口岸以及阿图什西域商贸城二类口岸相继开放，为自古擅长经商的阿图什人开启了出国经商的方便之门。祖祖辈辈务农放牧的阿图什人，凭着由来已久的经商头脑，走出家门，参与国际贸易。5000余人的阿图什商人的足迹遍布全国各地，广州、上海、北京、乌鲁木齐等地都有他们的身影，外地人曾经戏称阿图什人是新疆的“温州人”。

目前，阿图什商人比较集中地分布在吉尔吉斯境内的比什凯克市和奥什州的丝路巴扎、友好市场、奥什巴扎、达力桥巴扎、麦迪纳巴扎、多力多依巴扎等地，平均每个市场都有300—500名阿图什商人，主要从事商品批发、零售、进口废铁、废铝、废铜等“五废”和皮毛、棉花、蚕制品等业务。其中艾得艾阿吉和艾孜木阿吉规模较大。另外阿图什商人还建立了五个大型的皮革加工厂，其中塔依尔在吉国和塔国建立的皮革加工厂日产成品皮5000余张，已成为该国皮料服装的主要经营商，买买提艾则孜在纳伦州专门建立的牛皮加工厂，日产牛皮500余张，生意也是蒸蒸日上。

阿图什商人还放眼看世界，利用国际商会和贸促会等中介，先后参加了吉国的投资环境说明会和经贸合作洽谈会，向吉国经贸系统介绍克孜勒苏柯尔克孜自治州20多家私营企业，为企业寻找合作伙伴奠定基础。同时还积极向乌兹别克斯坦和哈萨克斯坦拓展市场。

三、“阿图什，中国的犹太人?!”

《向西向南——我所看到的南疆》（爱卡新疆分会2006年五一自驾游记）③

---

① 资料来源：新疆经济报，新疆新闻在线，2004-05-31，12：47，责编：杨智。

② 资料来源：新疆新闻在线，发布时间：2006-01-17，12：20：36。

③ 资料来源：Xcar爱卡俱乐部论坛，发布时间：2006年5月10日18：11。

早晨整装，车队离开喀什。西已到尽头，从今天起，车头指向东方。

穿过喀什热闹的街道，经过古老的艾提尕尔清真寺门前，跨过北大桥，车队驶上上下车道、全封闭的喀什—阿图什等级公路。

这是一条35公里长的水泥路面公路，路况比过高速公路。

太多阿图什人的故事和段子，这里讲一个：

说是在第二次世界大战期间，美国应征入伍人数不足，美军到阿图什招募了一些巴郎子当兵。为激励士兵奋勇杀敌，美国将军下达了命令：杀敌有奖！杀一个德国兵，奖励10美金，以德国兵尸体为准。当天夜里，两个阿图什士兵消失了。第二天早晨，这两个阿图什人开着一辆装满德国兵尸体的美国10轮卡车来到美国将军面前，立正，报告，请求兑现奖金。将军抬头看了看满车的尸体，心里盘算了一下，说：尸体太多了，我手上钱不够，每个尸体就5美金吧！

5美金也已经不少，将军想。可两个阿图什人急了：什么？将军？5美金？拉倒吧你！这些尸体是我们俩昨天夜里6美金一个收来的，本来有4美金的牌挡子（维吾尔语，利润）！你5美金收？我们岂不要赔本！

阿图什人生来会经商，在内地经商的维吾尔族人以阿图什人为先，也以阿图什人为多。

这都是环境逼迫的。阿图什地少人多，土地干旱，生存条件恶劣，人们不得不出去闯，出去讨生活，这和浙江的温州人情况相似。

同时，阿图什人也更为重视教育。乡村学校数量全疆第一，很多农民的孩子在乌鲁木齐，甚至内地念大学。他们知道，要想改变命运，必须脱离土地的束缚，或者经商，或者读书。

从上文中我们不难看出，不论是普通人还是知识分子或是媒体的“表述”，我们可以给阿图什人从“他者”的视角画一个清晰的轮廓：善于经商、团结、注重教育、注重财富与知识的积累、注重信息、重视家庭与传统道德、宗教信仰虔诚坚定、敢闯敢干。

第三章　观念中的我

在前一章的表述中，我们主要是从“他者”的视角来考察认识阿图什人的，在这一章中我们从阿图什人主体本位的视角再进行考察，了解阿图什人是如何认知自我的。首先关注阿图什人观念中的地域划分，其次考察阿图什人对自我的表述与认识，最后考察阿图什人如何与“他者”——非阿图什人进行区分。因这些考察资料都是非结构性访谈，所以在下文的一些资料中有一些笔者随机提出的问题，因笔者怕影响访谈人表述的逻辑性，所以这些随机性的问题没有删除。

第一节　“我”的地域观：“什么地方的人才算真正的阿图什人”

新疆各个地区的人离开故土到乌鲁木齐或内地各城市，他们的地域认同都是以国家行政区划的行政中心为主形成认同。比如说，巴音郭楞蒙古自治州首府所在地是库尔勒市，其他七县一市的人，都在外自称库尔勒人，而这些“库尔勒人”内部聚到一起时才细分，轮台县人、且末县人等，但作为库尔勒市的人都认可别的县的人自称为“库尔勒人”，一般同乡活动的“组织领导权”不是很固定，视这个群体中哪个县市的人多而定，有时候是和静县人、焉耆县的人“组织领导”同乡活动。这种规则可以运用到全疆各地，但除库尔勒外，别的地方的人都以地区“首府”来的人为中心来掌握同乡活动的“组织领导”权，其中尤其以喀什人为典型。有一些自古就是西域重镇的“大城市”，新中国成立后被划归某个地区的县城，如喀什的莎车县和阿克苏的库车县，在地域认同上就不认同大的行政区域，如库车周围的新和县和沙雅县两县人到了外地也对阿克苏的行政中心区域“地位”不是很认同，而对“库车人”这个概念很认同。

阿图什人的地域认同观念与固有的行政区域划分的情况也有所不同：

克孜勒苏柯尔克孜自治州下辖三县一市，但所谓的“阿图什人”仅指首府阿图什市的辖区范围的人，除此之外就不算是真正的阿图什人，所以别的县如阿克陶县人，如在“正宗”的阿图什人面前自称“阿图什人”时就会招惹冷眼与反感。笔者与新疆师范大学学生访谈时，学生们曾谈到此问题。后来这一点在别的大学也被证实，而别的县的人以及柯尔克孜族他们更倾向和认同“克孜勒苏”这个行政概念，“克孜勒苏”这个地域概念很少在阿图什人当中使用。

在表述自己的地域认同观念时，阿图什人说自己从不排外，不排挤来阿图什的外地人，他们说历史上不同地区的人到阿图什朝拜苏里坦苏图克布格拉汗麻扎时，人们都会多方接济，而一部分没有能力回去的人就在麻扎附近扎根安家了。

阿图什人内部，最终又是以自然村落来相互区分的，如阿扎克乡下辖波亚买特、伯干、翁艾日克、阿扎克、伊什塔其等村落，这种所属关系是新中国成立后的行政划分，乡政府又不在原自然村落阿扎克，而是在原自然村落“波亚买特”。因这些村落以前都是在自然村落的基础上形成的，所以这些村落的人都是以自己所属的村落认同的，而很少有人认同为“阿扎克乡人”，这与其他地区所形成的行政村落划分认同不相同。笔者认为，造成这种现象的主要原因还是阿图什人根深蒂固的传统地域认知。

外地人总是习惯于以上阿图什、下阿图什来区分阿图什人内部的地域归属，但笔者在调查中发现，所谓的下阿图什是很少被提及的地域概念，他们都是以自己所属的村落相互区分，只是给外地人介绍时提到下阿图什这个概念。但上阿图什人则不同，他们有很强烈的上阿图什认同，虽然上阿图什人内部也以村落相区分，但他们对下阿图什人及阿湖乡人也以上阿图什人自居，自己的活动中很少让下阿图什人参与。

第二节　“我”是什么样的人——观念中的我

以下是笔者与新疆大学及新疆财经学院的两位教授分别进行的两次深度访谈所获得的资料，两位教授因为十分关注自己的群体，所以对于“阿图什人”是什么样的人有比较全面而深入的见解，从中我们可以清晰地勾勒出阿图什人的“自我的表述”——“我”是什么样的人，我的地域是什么样的地域。笔者在调查中发现一个有趣的“事实”：几乎所有的访谈人都很乐意表述“自我”，并且都很清楚“阿图什人是什么样的人”，说明他们十分关注自己所属的团体。

访谈资料：第 11 号访谈人（新疆大学退休教授，祖籍阿图什阿湖乡）：

在阿图什，历代一贯重视教育和科学文化知识。19 世纪后半期，木沙巴耶夫兄弟到沙特阿拉伯、土耳其、埃及，后来又去了中国香港、日本等国家和地区，并在一些地方设立公司。出国以后，通过对比发现，我们远远落后于他们，他们重视教育。他们回来以后，不是先开工厂、开矿、办农场，而是首先办了学校，他们认为就算是先开工厂，那么在工厂工作的工人先应该具备一定的科学技术知识。否则，文盲在工厂工作不了。工厂的车床运转需要科学技术，因此，他们想首先需要使人们摆脱愚昧落后的状态，开阔人们的眼界，给他们注入知识和思想。简单地说，应该考虑民族的未来。因此，他们于 1886 年在上阿图什开办了全新疆第一所现代化的学校——玉赛因学校，并且从土耳其邀请了老师。为了发展现代体育，专门修建了体育场，培养了第一代农民出身的足球运动员。

据史料记载，在当时，喀什地区与英国领事馆进行了比赛（1927），那些阿图什运动员在没有像英国领事馆工作人员一样的现代化的运动衣、运动鞋的条件下，双方协商如果农民足球队赢了将得到一笔奖金，如果输了要赔偿损失。结果，阿图什队赢了以后，为中华民族尤其是维吾尔族人民争得了荣誉。因此，可以说，在历史上，阿图什人民较注重发展教育。后来，有一位阿布都卡德尔大毛拉，他本人是一位有名的毛拉，留学埃及开罗，后来又去过印度，他回到喀什以后，在喀什麦德力斯学堂里培养了一批学生。由于他本人是一位学者、专家，崇尚先进的新知识、新理念，能适应时代的潮流。因此，他在培养学生的时候，一方面给他们传授宗教知识，另一方面传授现代科学文化知识，在当时的那个黑暗年代里，他遭到了一部分封建、保守势力的反对，他还把自己的收入用于孤儿寡母的救济上。他助人增长了见识，打开了他们的眼界，鼓励人们革命，当时的保守势力很害怕他。因此，那些保守势力收买了一些叛徒去陷害他。

在20世纪30年代，新疆掀起了现代教育潮流的买买提力先生，曾留学土耳其，积极发展现代教育，开办学校培养了一批人才，后来有来自喀什、麦盖提、莎车、巴楚等地的学生。而这些学生又分散到新疆各地，在各地办了学校，培养了很多学生。我有两位老师就是被买买提力先生培养的第一代老师。阿图什的这种重视教育的传统延续至今，现在阿图什人当中，接受文化教育上学的比例很高，一部分人在阿图什退休后，为了子女的学习专门把家搬到了乌鲁木齐。最近又有一些人开办了一些私立学校，如现在的tvpikh（特别克）学校就是一家私立学校，面向社会开设了汉语、英语、俄语、计算机等课程，tvpikh就是买买提力先生的笔名，当时的封建势力硬是以各种名义把买买提力先生迫害了。

当笔者问："Tvpikh"学校[①]也是阿图什人开的吗？访谈人说：

Tvpikh学校的开办者是阿图什人，名誉校长也是阿图什人，他们聘用的教师也基本上是阿图什人，他们所租用的教学地点是khudiret haji ihlas（伊合拉斯公司）。khuduret haji、musahaji、ruzihaji这三个兄弟都是从新疆阿图什到了土耳其挣了钱，回来为了发展故乡，为故乡办实事，盖了十八层楼，建立了"雄鹰公司"（kharan burkut xirkiti），开有饭店和伊合拉斯子公司。他们以前直接从土耳其进口配方，加工各种饼干食品，现在已开始就地取材（葡萄、巴坦杏仁、核桃仁等）生产保健及婴幼儿食品和各种饮料。那十八层楼都由三个兄弟掌管，他们用的工作人员也多数是阿图什人。他们不仅解决了一部分劳力，也给国家上交了很多税款，同时其产品也丰富了市场。也就是说，阿图什人通过抓文化教育，走向商业，走向科学技术，这些方面阿图什人比起别的地方人有比较显著的特点。

另一方面，阿图什人特别注重抓小孩子的品德教育，当孩子们成人后又鼓励他们独立创业，这是历来的传统。比如说，孩子到了18岁以后，父母会尽快让他们成家并独立出去，让他们另起炉灶，不能让他们依赖父母。

阿图什人很早就走向了"市场"，市场经济对阿图什人不是一个新的理念，而是一个传统。这主要是因为阿图什人多地少、水少，劳动力过

① 乌鲁木齐的一所私立学校。

剩，如果一家人都靠土地，就无法生存，所以很多人就走出了家乡，到外地创业，如在伊犁地区的伊犁市、特克斯、moghulkure 都有阿图什人的足迹，有阿图什人聚集的村落，有阿图什阿湖乡村落，在博尔塔拉（博州）也有阿图什人的 buyamet 村落，阿图什人到了这些地方后，就在这些地方生根发芽、繁荣发展。北疆很多地方都有阿图什人的足迹。

阿图什人很早就开始抓文化教育，一直都寻求通过教育摆脱保守状态，寻求市场和商业机会。如何通过努力寻求生存之道与生活出路，寻求致富之路。这种精神一直延续至今，现在全国各大城市都有做生意的阿图什人，有办公司的阿图什人，有办工厂的阿图什人，有开饭馆的阿图什人。改革开放以后，中亚各国都有阿图什人，甚至于别的一些国家，在哈萨克斯坦、乌兹别克斯坦、吉尔吉斯斯坦、阿联酋等国，阿图什人做生意挣了钱后，把钱带回家乡，建设家园。阿图什人可以说最早领悟到党的改革开放政策，最早开始面向“市场”。在阿图什有一个“香港巴扎”，到 2000 年时，都是南疆 33 个县市的商品批发中心。阿图什商人可以把上海、广州的货一周内就可以调到阿图什。他们十分注重信息，比如说，一个生意人在阿图什往南疆别的县市批发商品，他们会留意哪一种商品往哪个县市销售得快，于是他们就给自己在广州、上海的合伙人打电话，让他们赶快寄出这种商品。如果有商品卖不出去或不受欢迎，他们就会互相联系停手或设法脱手。他们非常注重信息，掌握了通过信息来调节市场的方法。

阿图什人还特别注重传统文化风习的保存和发扬，如通过麦西来甫，来教育培养年轻人的道德品质。麦西来甫有它一定的规矩，如按时参加不能迟到、对在麦西来甫期间人的不当言行进行制止。有了不符合规定的行为，立即会以麦西来甫的“规矩”进行惩戒。所以有一句俗语说：“没有参加过麦西来甫的人做不了人。”认为这种人不是一个有修养的人。他们的一些惩戒方式也很严厉，如冬天脱光被惩罚人的上衣“喷水印像”（让人面靠墙站着，往人背上喷水，水溅出后在土墙上形成人形，人们称此为“照相”）。阿图什叫麦西来甫为“birawet”“30oghal”，冬天是一周一次，而在夏天是一个月一次。

在阿图什办婚礼时，男女分开参加，这主要是考虑到伦理问题，如男女在一起，有人可能说出一些不和谐的话，就会影响“纲常”，所以男女要分开。这个习惯长期以来都保持着，如果您去一个阿图什人家，即便在那人家住了十几天，也不会见到女人。虽然饭菜都是妇女准备的，但都是由男性端来呈上。如果没有妇女做客，女人一般不会迎客，非常注重道德修养。另外，人们特别尊重长辈，长辈们则知道怎么爱护晚辈。不管什么样的孩子都要在进入父母房间时说萨拉姆①，离开家时要道别。如果进入父母房间十次，他们就会道十次萨拉姆。尊重老人，见有困难的人主动协助，这是阿图什的古老传统。

来到阿图什的任何人很快就会“渗入”当地人中，② 阿图什人在异乡如遇见同乡人，会看得如亲戚一般亲切，那个情感真的不一样。以前阿图什人去外地谋生多去“tagh akhsi”（大山之背），指的就是伊犁等北疆各地。阿图什人一开始大多都是去当苦力的，他们一去伊犁就找同乡的富人。同乡富人也会对这些新来的人特别关照，不仅给饭吃，还要给他们划地皮、开荒，介绍去做矿工，或是就在居处附近找事做，等于说先来者要“引导”他们如何在异乡生存下去，所以同一个地方出来的人到了外地很容易会形成同乡人村落。

当笔者问到“您能否谈谈您对外地人（非阿图什人）的看法”时，访谈人的回答如下：

和田人说一不二，说什么事就一定会做这件事，很有“wizj dan”（良知），别人说这是倔强，其实这是一种真诚的表现，勇敢并能艰苦创业，历史上伊斯兰教传到和田时，和田人坚持抵抗了40年之久，这表明和田人的奋斗精神。

说到喀什人就是好客，不吝啬；说到阿克苏人就说他们说话不算数。

当笔者问到“您有没有参加阿图什人的聚会‘茶’”时，访谈人的回答如下：

我的爱人有两个“茶”③，一个是中学同学的“茶”，一个是同乡

---

① 问安。

② 指阿图什人不排外。

③ 指聚会。

“茶”，今天她就去参加一个“茶”去了。我爱人是库车人，当时在20世纪50年代，别的县没有中学（拜城、新和、沙雅、库车四县的教育教学当时合到一起，都集中在库车），只有库车有，当时库车在文化教育上比较先进。这些“茶”基本上除了寻开心之外就是交换信息，都是退了休上了年纪的人。我们办的这个“茶”有十个人，一般每人每次收200元，每月一次。退休的老人们不可能一天都在家看电视，我们聚到一起唱歌跳舞，另一个就是交流各种信息。这些人当中有的人出国回来，有的人从家乡探亲回来，他们会带来各种信息。我参加的另外一个“茶”就是我们学校里感情比较好的六家人，主要是地理系的教授们（我以前的同事），一个月举办一次。聚会时要问他们什么时候有时间，约好。现在一般是在餐馆举行，这也是近几年的事，主要是生活条件好了，孩子们长大成家了，我们的家庭生活负担也没有了，所以也有经济能力举办这样的活动。

当笔者问到“乌鲁木齐市的阿图什人在什么样的情况下相互交往”时，访谈人回答如下：

在乌鲁木齐举办个婚礼，首先要考虑请同乡人，然后是亲戚、朋友，同时注意把不同年龄段的人分开，如老年人一般是中午，而年轻人则在晚上 wiqirka①，年轻人和老年人在一起，会很不好，会有喝酒之类的事发生，现在老年人的宴席上基本没有酒。

乌鲁木齐的阿图什人同村同乡人之间有一定的联系，如乌鲁木齐的阿湖乡人专门制作有“同乡联系电话本”（这种“同乡联系电话本”不仅仅是上阿图什的人有），如果有婚丧嫁娶之事，这种电话本就非常方便。

在乌鲁木齐的阿图什人当中属德高望重关心整体阿图什人同乡事务的人有 abbas burhan（阿巴斯·布尔汗，原新疆科学院院长）、yasin hatip（牙生·哈提埔，原新疆人民出版社社长）。

在阿图什不同的村落有不同的特征。上阿图什是 qong yurt（大地方）是重视教育的 yurt（地方），知识分子多，商人少，商人在硝尔鲁克村、伊什塔其、买谢特多，松他克、阿扎克两乡商人也多。

① 专为年轻人举办的婚宴晚会，有酒席和舞会。

第12号访谈人（财经学院退休教授，祖籍阿图什买谢特村）：

我离开阿图什是在1950年，算是14岁离开的，一直在这边，在塔城生活过，在伊犁也生活过，说到阿图什，我们把它称为一个“yurt”，以前虽然是一个县，但它的范围很大，不同之处也很明显（各yurt之间），阿图什人分为：ixtaqi（伊什塔其）、buyamet（波亚买特）、tijan、aghilikh、ustunatuxlukh、mexet、suntagh、wakhwakh、kiqingze、tvkulluk、kitaylakh等yurt（村落）的人。每个yurt的人都有各自的特点，甚至于以各自不同的方言相区分，比如我们的买谢特与tvkul距离虽然不到两公里，但这两村之间都有区别。阿湖乡的也有区别，文化水平都不一样。我们（买谢特乡人）用阿湖乡人以前说过的一些话来数落阿湖乡人如（访谈人以阿湖乡人的语气说道）：“你这肠子ghuluqi（一胳膊长）卖几个钱?”“你这soymang（小甜瓜）多少钱?”因为他们住在山里，所以他们在历史上不会做opke hesip（杂碎）①。有关tvkulluk也有一个“典故”，他们（指托库尔村人）说的一些话和我们还是有区别的。我们mexet和azghan这边的人一般习惯吃绵羊的头，而他们（tvkulluk）则习惯吃山羊的头，他们“进城”一般只买山羊的头，买了山羊头后，他们啪一下先把山羊头扔到地上，如果山羊头落到地上发出dokkide②，就说这是我六个孩子的福气；如果羊头落地声是jakkide③，他们就不要这种羊头。所以，人们就笑话他们是dokkide quxti，jakkide quxti。这就说明，一个yurt和另一个yurt人们的习性很不相同。拿瓦克瓦克来说吧，那里以前有很多泉眼，现在都干涸了，那里的地很潮湿，泥土很软，如放一个西瓜在两三米外跺脚，那个西瓜就会滚过来，他们也有相应的外号。所以，如果把yurt的人当作一个群体，这个群体就会有这样或那样的特征。

总体来说，对于阿图什人来说，历史上也好，外地人也好，别的民族也好，都有一致认可的一些特征，其中之一就是阿图什人对yitimqi（孤儿）、musapir（异乡人）会怜悯和照顾。如果谁有了困难，他们就会尽力帮助，记得我小时候有一个叫穆斯塔法的宗教学者，每年的肉孜节、古尔

---

① 加工动物内脏制成的食品。

② 比较沉闷的声响，说明那羊头比较重。

③ 说明羊头比较轻。

邦节前他都要给 mehelle（全村）的穷人发布料、钱以及宰牛羊后把肉施舍给穷人。不要说是他们了（指宗教人士或是富有者），就连邻里有了困难，他们都不会无动于衷，最起码会不动声色地把晚饭送到有困难的家庭。即便是自己没有多少东西可吃，也会把两三碗米或是面装到袋子里拿到有困难的家庭说："我们分着吃吧。"外地人都知道阿图什人的这个特点，说阿图什人特别能相互协助。

阿图什人的第二个特征就是善于经商。现在新疆电视台如果举办什么晚会，每次都会在小品里带着讽刺意味地说阿图什人爱经商的事，他们这样可不好。他们不应该搞 yurt wazlikh khilip（地方主义），不应该"贬低或压抑这个或那个地方的人"。阿图什人既会挣钱也会花钱，阿图什人中行慈善的人很多，一般会把挣到的钱财施舍给孤儿寡母，但从不用到"乱七八糟"的地方，甚至外地人评论阿图什人都会说："阿图什人让他们的小孩子在早晨出门时拿上一根树枝，如果那个孩子玩一天回家仍带回那个树枝回家，家里人就会评价说这个孩子长大能成才，如果小孩子把树枝扔了，家里人就说这个孩子长大成不了器，并会让孩子当即出去找回那个树枝，为此还要打小孩的屁股。"这能表现出阿图什人从小注重培养孩子的守业精神及理念。的确如此，现在您如果去阿图什走进一些富有的家庭，您会发现，像您这么大的孩子都有自己的"产业"，连小孩子也有自己的"产业"，妇女也有自己的"产业"。我五年前去阿图什待了有一个月，我的亲属都是做生意的，在一次亲属聚会上，有一个亲戚质问我："×××卡热①，您来阿图什有一个月了，我们也没有交谈过一两个小时，为什么不去拜访我的家呢?"我笑了，他问我为什么笑，我就说："我到阿图什就是为了能够和亲戚促膝相谈、交流情感，来了有一个月，可你们天蒙蒙亮就离开家了，等天黑了才能回到家，我又不好去和你们的女人相谈。"这时亲戚们全都放声大笑开了，那个人也拍着大腿笑着承认："这的确是事实。"

我小时候没有太在意，可现在却看到在阿图什就连四五岁的孩子都有自己的"产业"，妇女也有自己的"产业"，男人们白天去做生意，妇女在家也不会闲着。阿图什人一直就是如此。这就是说为了挣钱，为了改善自己的生活，很少有人能像阿图什人那样吃苦耐劳、艰苦创业！阿图什人非

---

① 维吾尔族对背会《古兰经》或是有一定宗教学识人的尊称。

常注重经济，为什么会这样呢，主要是由阿图什的自然环境所决定的，阿图什人的这种属性不是阿图什人自己决定的而是那里的自然地理环境所决定的，阿图什的情况是怎样的呢？主要是人多地少，地很硬，都是沙石地，粮食产量少，不够维持一家人的饮食，我们家以前有11个孩子，后来剩下6人，5个男的1个女的，我哥哥1人就完全可以承担农田里的活，剩下4个男孩还有父母都靠地生存是不可能的，如果一个人务农，其他人就开始外出到他乡谋生，所以阿图什大部分妇女都留守在家，问她的丈夫去了哪儿，都说去了“山背后”，这“山背后”指的是经商去了，因为很多人当时去了伊犁、塔城做生意，阿图什人把伊犁称为“山背后”，当时，妇女们有的等丈夫等十年、十五年，自己在家把孩子带大，阿图什人对此都是忍着过来的，从这个角度讲，自然环境决定了阿图什人善于经商的特征。

阿图什人的第三个共同特征是都很注重学习知识，掌握文化，懂得教育。穆沙巴耶夫最先提倡的也是教育，不管是什么样的教育，阿图什人宁肯变卖自己的衣物，也要让自己的子女受到教育。以前，现代教育在阿图什也没有发展起来，当时也只有几所学校，是宗教和科学教育结合的一种形式。比如，我小时候上学时，一周要上6—8节的宗教课，剩下的时间上科学教育，除此之外每个乡村都有宗教学校，如果科学教育没有机会，就会进行宗教教育，就这样，阿图什人一直都很注重教育。上阿图什乡由穆沙巴耶夫兄弟办现代教育，在阿图什则有塔什阿訇办了新式学校，后来，有个叫买买提力先生的人也大力发展了新式教育，所以说呢，阿图什出来的知识分子很多，不管您去伊犁还是去塔城、哈密、阿勒泰或是去喀什、莎车、和田，在这些地区中，你无论进什么样的行政部门，您最起码能找到四五个阿图什人。1981年把我从伊犁调到这所学校的时候别人都以为我是伊犁人，后来得知我是阿图什人时，有人就说从伊犁调来的人是阿图什人、从塔城调来的人也是阿图什人，你们把阿图什人都聚到这所学校干什么（其实是一种偶然）。这说明阿图什的知识分子在各个地方都生根发芽。这就是说，阿图什人很注重教育，不仅自己注重，还引领他人。如果您到阿图什调查，不管您到哪所学校，您都能发现那些穷困的孩子，都是由阿图什商人中的慈善人士、热爱教育事业者资助上学。

阿图什人的第四个特征是说话明朗，gipi uqukh（有啥说啥），有头脑、开放，他们注重教育和经商，又加上他们到处经商见过世面，所以思想开放。对外面的世界了解得越多，您的眼界就越开阔，看得越多思考得越多，您的眼界与心胸就会越开阔，任何东西您都能融于心胸，您能把一座山打个滚变大，然后又把它打个滚让它消失，一切事物都可融于心胸，最后您能把很多事情都看开。因为阿图什人走遍世界各地，所以他们的眼界、心胸开阔，说话很直接、明朗，有什么话就说什么，不看面子，也不会客气，但从不在人背后说坏话，有什么话就当面说了，坦诚、直率，这也是阿图什人的一个特征。

另外，阿图什人特别好客、daskhanqihekh（大方），为了客人甚至变卖自己身上的衣服，还尽量不让客人知道自己的窘境，自己没有就向邻里借。本来阿图什人就有相互协助的习惯，如果您去了阿图什，那些人会挨家挨户地请个不停，不会歇息。而那些人请客从不只做一道菜，要做好几道，一个接一个地上饭菜，吃完饭了还会邀请您住下。现在人们的生活水平提高了，但在以前生活水平不太高的时候也是如此。阿图什人的好客闻名于世。

阿图什人还有一个特征就是具有虔诚的信仰，讲究 diyanet（操守）、xermi haya（贞节）和道德品质，尊老爱幼，同情、帮助弱者，这都是阿图什人的传统。在以下这一点上，无论是上阿图什人，还是下阿图什人，都是共同的，见了长辈“先道 salam”（khuli kvkside 手放于胸前）。如见小孩摔倒哭泣，就会跑过去抹干眼泪安抚，并会询问是谁家的孩子。如果走在路上碰上绊脚石，就会拾起来扔了，以免绊了他人，非常注重道德品质的修养，甚至男人们不会盯着看行走的妇女。现在的境况变了，可女士们依然遵礼守道。比如妇女必经的路上坐了几个男人，她们要么会退回去改道，要么就会靠着边走并小心翼翼道“salam”过去。男人如果经过有 jamaat① 在的地方，如果是骑马、驴或摩托车，他们绝不会径直走过去，而是停下来，从骑乘上下来，向众人道“salam”后继续赶路。就因为如此，阿图什人受到了外地人的尊重。阿图什人为什么会这样呢？主要的原因是：除自然社会条件所决定之外，历来人们都普遍注重道德品质的修养，更注重教育。到目前为止，阿图什人聚会只要请有长辈，就不会备酒，近来饭店（restoran）里开始出售酒②，但从不会在婚礼上倒酒。婚礼

① 日礼五次拜的教众，多数为长者。

② 指在阿图什本地。

时男女也不会同时去，不管是婚礼还是葬礼，男人都是在早晨参加，妇女们则是在午后参加，在这些方面阿图什人形成了自己独特的习惯。比如，每年阿图什举办“atux seylisi”（游阿图什）这样一个大型的文艺活动，每当无花果成熟时，新疆各地都有人去游阿图什。当前时兴一种家庭旅游，可在阿图什历来就有这个活动，阿图什买谢特、阿孜干等地是阿图什无花果的原产地，我们小时候从各地来朝拜 hesultan（布格拉汗）麻扎的人就会住进麻扎附近的人家中，他们同时会游玩所住家庭的无花果园，在园中宰羊，盛宴几日后离开。阿图什人就为那些外地人免费提供住处，如果您不太了解（维吾尔族的）礼数，您就可以到阿图什学习。①

阿图什人在塔城、伊犁、西湖遍布，伊犁有 tijian kuqa（提坚街），kataylakh mehelle（格达良村），有 tvkul mehelle（托库尔村），西湖有兰干村②，我刚才说过，阿图什人无论到了哪里都能很容易“生根发芽”，khumgha singgendek（就像水渗入沙子里一样）。为什么会这样呢？阿图什人有一个观点，就是说要从石头里取金子，③ 说明阿图什人去一个地方不是漫无目的地去，而是带着去异地挣到钱“改善自己及家人生活”这样一种目的去的。有了这样的目的，他们朝思暮想的就是如何达到这样的目的。为达此目的，首先想着要和当地人搞好关系，如果和当地人搞不好关系，“我”渗透不到当地人当中，“我”就会没饭吃，“birnan tep yelmeymen”（连一个馕也挣不来）。我们在座的各位都有这种思想，就连我自己都有这种思想，我也一直想着如何获得周围人的拥护，如何获得众人的支持、欢迎。这种思想根深蒂固。所以，不管是对大人还是小孩，公平、尊重地待人是阿图什人的基本修养。我到了塔城发现那里也是如此，如果塔城有一个阿图什人有婚丧嫁娶之事，阿图什人就会“yeghip kitidiken”（铺天盖地）从附近各地前来参加。今年冬天我有一位住在塔城的舅舅的儿子在塔吉克斯坦去世了 haza itip qakhiriptiken（葬礼的邀请），我前去参加。来了很多人且都是阿图什人，我甚至在那里遇见了三四十年都没有见过的人。他们开玩笑说：“你怎么不老？”我回敬说：“你都不老，我怎么会老呢？”阿图什人不管到了哪里都能很好地融入当地的文化、社会中。阿图

① 访谈人得知我是“民考汉”以后，暗示笔者应注意学习本民族文化。

② 都是阿图什的传统自然村落。

③ 阿图什的耕地都是沙石地，他们在这样的条件下能够生存，证明他们的生存能力很强。

什人到了这些地方，能够忍受穷苦，没有邪念，不轻意向别人求助，如果挣到钱了，也不会很吝啬，所以很容易和外地人相处。阿图什人有一种美德，注重礼节，尊重他人，嘴巴甜（嘴软），所以能与他人相处。就连那些外地的小商贩，如在额敏县、塔城、阿勒泰等哈萨克族聚居的地区，有人去买一根针，如买主说："这个不行。"那商贩就会拿出另一个说："这个行吗?"（不厌其烦）地提供服务，最终会让买主买到称心如意的东西。如果没有买主所需的商品，商贩就会说你明天来或某某天来我会给你备上那件货的。如此，能够让客户满意。另一方面，阿图什人通过此种方式赢得他人的信任，所以容易"渗入"别的地方的人当中。

伊犁人称我们为"khaxkhalikhlar"（喀什人），说这些喀什人背着一个空的 ala hujun（花褡裢）走着来，据称伊犁的一条河里流的是金子，一条河里流的是银子。回家乡时却装满了那个花褡裢骑着马回，他们就是这样一个"厉害"（很能）的人。[①] 这无论说的是好的方面还是坏的方面，伊犁人最终还是承认喀什、阿图什人的能耐。阿图什人就因为有那样一种意识，加上注重良好的道德品质，别人也不得不心悦诚服。

阿图什人的另一个特征是不急着与人争吵、争斗，他会先容忍，如果没有充分的证据，不会轻易和人争吵，等证据确凿了以后，他才会去说理，如果是自己的过错，他们就会主动向人承认错误，所以，阿图什人无论到了哪里都能"渗进去"。

据说柯坪县人的根子也是阿图什人，柯坪县人自己也承认这一点，所以，可以说哪儿都有阿图什人。

我的前妻去世后，亲戚们从喀什介绍了现在的妻子，但当时我在心里嘀咕，与喀什人持家会怎样呀？如果能是同乡有多好呀。而我的亲戚们却说，能把你的生活调理好我们不就放心了？……于是，我为了办婚事请了一周的假去了喀什，和现在的妻子见了面，交谈后，觉得还符合我的条件，于是就决定去领结婚证，这时那些亲戚就说您不要去了，我们帮您去领，可去了两次没有办成，主要是我从这里带去的结婚证明只是学校的而不是民政局的，所以他们不同意签发结婚证。后来，在一位阿图什人的帮助下，我们顺利领了结婚证。这位妻子到这已五年了，她说自己有时会无聊，要求我给她开一个饭馆，我就在家里开了一个饭馆，主要是成人教育

① 这里访谈人说的是伊犁人眼中的阿图什人。

的人来吃，原来有几个本科生来此“包饭”，后来我去塔城时，来了四个阿图什人要找我，我妻子就问什么事，他们说我们是来进修的，吃不到合口的饭菜，吃饭很困难，听以前该校毕业的阿图什籍学生介绍说你们家在做饭，所以我们想在这包饭吃。我妻子说，那你们过几天来吧，等我爱人回来了，你们就可以吃。现在他们就在我们家包饭吃，男的在这间房子里，女的在那一间里，等一会儿中午就来了，他们就把这当作自己的家一样，我们也是把他们当孩子看，我们也高兴，他们也高兴，如果您把我们阿图什人整体当作一个群体看待的话，我们就这样。

如果再细分这个群体的话，可分为上阿图什、下阿图什。上阿图什也有他们独特的情况，他们也很团结，一个地方和一个地方人的习性不一样。就拿我们家族来说，我们非常注重礼节，历来都是保持着尊严与 isil utken（高贵）的身份。如果您去了我亲属的家，您就会想那些家庭里到底有没有小孩子，因为小孩子从不与客人一同吃饭，一般孩子们早晨礼拜结束后，专门到父母长辈住处问安后才去吃饭，吃完饭该上学的去上学、忙农活的去忙农活。妇女如果给客人端水倒茶，都是弯着腰、放在盘子里递，退出客房时，从不背对着客人退，而是面朝着客人低着头退至门槛儿时才转身走出。我们讲究这样的礼节，我们是苏图克布格拉汗的后裔，我们六个兄妹从没有相互称过“你”都是互相以尊称：“sile”（比您还高的尊称）称呼。连小孩子都是这样，从这可以看出我们很讲究礼数。记得我小时候家里人不让我们外出玩，有一次是一年冬天，我在果园里和别人家的几个孩子，学着他们把南瓜的枯叶揉碎卷成烟抽，被我的姐姐发现了，她很平静地说：“您（sile）过来一下，我给您备了好吃的。”把我叫了出去，等我跑进屋子里时，姐姐锁上门拿着树枝抽打了两下，质问我说：“您（sile）知道您自己在做什么吗?”从此，我再也没有抽过烟，后来进了宗教学校，在宗教学校里管得更严了，我就一辈子没有抽过烟，我们六个兄妹中，只有一个哥哥抽烟，他 1994 年去世了，就他烟酒都沾过。

刚您问到茶（聚会）的事，茶都是各地人独自举行。这次 muhtar bughra 举办了一个文艺晚会，参加晚会的基本上都是他家乡周围的人。松他克、瓦克瓦克、阿孜干等地方的人。比如叫 ablizxakir 的人就是松他克的人，松他克有一个叫 padhana 的一个大场地，是一个路边的一个开阔地，这里是村里人放牛的地方，阿布力孜夏克热家就在这地方的附近，他是一个叫 memetxakir 的人的后裔，也是 muhtar bughra 的 newreibowisi（舅爷），他是著名的坦布尔演奏家、木卡姆歌唱家。Muhtarbughra 是阿布力孜夏克热的哥哥的孙子。

如果您想了解阿图什的历史，《阿图什》那本书也介绍了一部分内容。我为了写我们家族的族谱也收集过一部分材料，和那本书对照过，那本书仅写到了我们家族的一些近况，提到了我的母亲、我的外公及他的兄弟，从我们家族的另一个分支来讲，有一个叫 mydun beg 的人的一些近况，如果再往上溯源七代，有亲属关系的人其实还多着呢，我们一个家族仅在乌鲁木齐就有 70 多个家庭，我们互相来往，有什么事（婚丧嫁娶之事）都会坐到一起，人数会很多，我的哥哥去世、姐姐去世时我们学校的老师在葬礼上都见到了人数众多的情况。阿图什人就这样“盘根交错”，他们或是嫁或是娶都是在这个群体内，从不让女子外嫁。新中国成立后，我的第一个去世的二哥娶的是“外人”，另外叔叔、舅舅也有几人娶了“外人”，可我们和他们来往变少也成了“外人”。对阿图什人来说，如果女儿出嫁，最先打听女婿是哪儿人，娶媳妇也问是哪里人，最先提出的要求是对方必须是阿图什人，有一个从上阿图什来进修的人在我家里包饭吃，他的儿子从内地某高校毕业后在乌鲁木齐市一家医保部门工作。有一天他说：“我有事要给您讲，我们到另一间房子谈吧。”我就问：“什么事?”“我的儿子很有道德修养，我想给他找一个阿图什籍的媳妇，您来乌鲁木齐时间也很长了，能否从亲戚或同乡人中介绍一位。”其实我和这个人关系一般，但他也在讲究要找同乡人解决儿子的婚事，我对此问题思考了很多，我自己也曾经经历过很多事，为什么我们阿图什人偏要找同乡人成亲呢？后来我得出结论，这件事有深刻的社会、历史背景和根源。我这些年来也参与、主持、协调了很多亲属、同乡人的异乡人结合的婚姻，他们结婚时都在“图”什么呢？年轻人一般为了感情而结合在一起，可成家以后，问题就出来了，两个青年都有父母，一个要么是喀什的，要么是和田的或是伊犁的，男的会先说现在要过年了（或是放假了），要去看望我的父母，女的也会说我也去看望我的父母，一个要走伊犁，一个要走阿图什，于是就开始产生矛盾。一个说要给父母寄东西，另一个说我也要寄东西。由此，矛盾最终会波及两家亲家之间，最后婚姻会破裂。另一个重要的因素是孩子的原籍归属问题，我们因为根深蒂固地有强烈的地域认同感，等孩子会开口说话，就会问，你是哪里人？如果孩子说我是伊犁人，父亲或是母亲就会说，你哪里是伊犁人，你是阿图什人，另一方就会让孩子坚持说自己是伊犁人，于是把孩子弄得晕头转向，孩子们也很痛苦。还有一个重要的因素是，我们因为历来就是以旧有的氏族部落的方式生存的，又带着各自的风习，所以在生活习惯上夫妻双方也会合不来。在阿图什原有的习惯中，嫁女儿，“尼卡”要由我们自己负责念[1]，宴席的支出也是自己负责，为的是既然女儿养大了，还得给女儿“撑面子”，只是让男方送服饰方面的聘礼。而在伊犁，他们让男方甚至连一根火柴、烧饭菜的煤还有油盐酱醋都要备齐，并在婚礼前一天男方还要派人来料理宴席事务，女方不会去干活的，所以几乎每个婚礼都会在亲家之间多少出现一些矛盾，而如今在乌鲁木齐男方只要给女方给现金就可以了。所以，人们要找同乡是有道理的。在阿图什人们对儿媳妇的要求和别的地方不同，只要你是儿媳妇，你就要把婆家的活干好，不能撇下每日的五次礼拜，负起持家的责任，妇女的主要任务就是这些。天一亮就得起来把院落收拾干净，这在别的地方儿媳妇都做不到，有一句俗话：“马踢马，马能忍受；鸡踢鸡，鸡能忍受。”从这一点上来说，我们的祖辈对这个问题思考得很深刻。我得出了这样的结论，就是说，同乡人找同乡人结婚有它自身的社会、历史背景，甚至还有它深刻的现实意义。在这个问题上，阿图什人还有自己独有的犟脾气、旧观念，但他们也乐于接受新的事物、新观念。但接受时不是盲目地接受，而是同自己原有的传统结合后进行改造，适合的接受，不适合的就不接受。另外，阿图什人是有良心（vizjdan）并且是羞耻观念很强的人，一有什么事，大事也好小事也罢，都会认为会丢面子、难堪，会失荣誉，所以把一些不愉快、悲痛的事“自己消化”。就说我自己吧，我 73 岁了，没有怎么变老，主要的原因就在于此。

此时引荐人介绍说该访谈人舞跳得特别好，新疆电视台《心声》节目专门为他制作过节目。如果有人办婚宴，主办方还要专门邀请他跳舞。对于这一点，访谈人谈了一些自己的看法：

我在新疆电视台《心声》节目里无意中说的一些话被别人当作“话柄”，当时节目主持人问我舞要跳到什么时候？我自不量力地说，一直到我断气为止。主持人问我什么时候开始学会跳舞的？我说，我们维吾尔族

---

[1] 这里指的是念尼卡时请阿訇的费用。

有个说法，维吾尔小孩子会走路就会跳舞，会说话就会唱歌，我可能就是会走路就会跳舞的那么一个人。从那以后，人们请我跳舞就更有“话柄”了。有一次我在 kaynam 饭店里参加一个人的婚礼，主人坚持要我跳舞，说您说过这样的话，当时，我舅舅去世不到两周时间，我在 musibet（守孝），这时有人来，把主人劝住了，我现在怕去参加婚礼等聚会。

笔者问“您的亲戚为什么会反对您跳舞”？

我的家族中有三样东西是交织在一起的，一个是宗教，一个是商业，一个是教育。其中宗教占统治地位，家族中有个传统的看法，认为舞蹈是演员们的专业，而正经的人是不会当演员的，从前当演员的人都是些“江湖游子”或是“街头艺人”① 等的后代，他们觉得那是登不得台面的事业，从不认为那也是一种文化。就这个原因，我就成了这种观念的牺牲品。本来我学校刚毕业时，就把我分配到了自治区歌舞团，当时我没有跳过舞，只是看着我们的长相分配的，可家里人不同意，我就失业了。后来我哥找一个阿图什人帮忙，“走后门”把我分配到了畜牧局。可后来，又到了伊犁做了团委工作，又从团委调到人事局，再后来组织上又要调我到伊犁州歌舞团，我自己没有同意，选了教师职业。至今，有些文艺界的人说我是“找错专业的人”。2004 年木卡姆歌舞团曾两次邀请我参加古尔邦节晚会，我说我年纪大了，不能参加，婉言回绝了。可去年的诺若孜晚会无法回绝又去参加了。别人传说我读过舞蹈专业，在歌舞团工作过，其实我没有受过任何正规训练，这是我们这一代人所带的自然属性，能歌善舞。可现在的年轻人就不行了，一个民族的传统文化如果不被他的后代继承那它就会消失，当我认识到这一点以后，我就顶着家族的反对在公共场所“显露”自我。这是一个民族的历史、传统、文化，我们不能让它消失。我本来有一个孩子跳得也挺好的，可去世了，现在我没有继承人了。我有一个近亲的女儿，艺术学校毕业以后进了木卡姆歌舞团，我姐姐的孙女也进了歌舞团，就我们家族来说她们俩人还有些继承，再没有别的人了。

笔者问：在乌鲁木齐市有没有所有的阿图什人不分社会地位参与的群

---

① 指身世不好的人。

众聚会活动?

没有，上次举行了一个“阿图什麦西来甫”，结果不是很好，最近就是那个muhtarbughra的文艺晚会，我看了几次，举办得非常好，音乐、歌词都是新的，形式也很好，穿的是真正的民族服装，服装做工很好，穿得很得体。没有像现在一些节目中那样太过暴露的，歌词很好，全是muhtarbughra写的词，普的曲都是新的，唱歌的人也都是有名的人物。组织得很好，就有两点我不太看好，一个是小品占的时间太长，有很多“废话”，另一个就是阿布都拉唱的歌里背景画面不好，那个阿迪力米吉提的夸张演技应该去掉。

我虽然不是文艺界的人，但看文艺节目还不时地自作主张地“评价”，我不知道别人怎么看。

后来，过了一段时间，有人送来了一份请柬，这请帖是著名的舞蹈家热汗阿布力子似和heyitem两口子大女儿的婚礼，特意邀请我参加。热女士后来又专门打电话来询问送的请帖收到没有。我去参加了这个婚礼，是在新疆大学的qong zal（大会场）举行的，我在靠门的一个空桌子上坐下来，他们正留意着我到底参不参加婚礼，我吃完饭准备离开婚礼，刚走出门，热女士从身后跑来一把拉住了我，并请求我不要走，说：“跳一曲再走，我们两人一起跳。”我就同意了，她和我跳了一会儿就下去给她的学生们讲解我的舞姿，说什么：“看那脚步、身姿、体态……”那天，我跳完后就回来了，又过了一段时间，她派了一辆车过来，也没有送请柬就邀请我去参加她二女儿的婚礼，说没有来得及给我送请帖。我去参加了，又给他们跳了一曲回来了。有些人到舞台上跳舞根本不考虑给别人什么样的印象，自那以后，我们无论在哪遇见都要交流。

有些人胡乱改维吾尔族舞蹈都有点离谱了，我去参加新疆电视台举办的《心声》节目时，我说，您创作的一部舞蹈我很喜欢，就是在《游阿图什》文艺会演上演出的“石头舞”，您在这部作品中体现了阿图什人的勤劳、辛苦，石地上种粮吃的生活实况，当时，看到舞蹈中有人手捧沙石的场面我流出了热泪，以此来表现阿图什人对土地的渴求。Atuxning yeri taxlikh taxlikhta bular axlikh（阿图什的土地是石地，那石地上就要产粮食），而您现在创作的舞蹈里面却出现了离谱的事，这怎么解释呀？发展应该服从传统文化的规律！这时，其他人也纷纷指责起来。从那以后，这样的事也少了许多。其实人们对这种现象特别不满。如果我们不监督，他们会任意妄为。

此时引荐人说到他有一次去参加一个聚会，聚会上放了一首阿图什的曲子，有一个喀什人就说，阿图什人的歌调就像哭泣一样，他就说：“就因为阿图什的歌调能唱出人们的心声，能震撼人心，所以在乌鲁木齐市不管哪家饭店首先放的都是阿图什的歌，而且阿图什的歌很能提气氛。”那人不说话了。

他认为，现在没有一个聚会不放阿图什歌调的，只有播放阿图什歌的时候，才会有人将气氛掀至高潮。现在走红的舞蹈者帕提古丽，是阿湖乡人，也很受欢迎，很多饭店都请她跳舞……

笔者问道：您的家族留有家谱吗？访谈人做了以下的回答：

我正在写，整理了四五页东西，以前从长辈们那里记录过笔记，好多家庭都有关于自己祖辈的一些传说与家规性质的东西，我们的家族从来都认为自己是 boyni tuven hekh（谦卑的人），特别反对高傲虚妄，一贯不提倡向外人炫耀和显露自己。我在受卡热考核时，每天背诵5卷《古兰经》，6天背诵完，等仪式结束后，人们都走了，我的一个大叔给我定了三条 wesiyet（训诫）：“孩子您这次诵经很好，也很顺利地通过了考核，功底也很扎实，但是我要给您说的第一点是：我们家族的人是谦卑的人，千万不能在外人面前趾高气扬，要平易近人，不要因为会背诵《古兰经》而虚妄。”当他说到我们是谦卑之人时①，我就明白了，因为我们不能抬头盯着看女人。“第二点是：您以后在一些场所诵读经文时，别人会给您酬金、衣物及其他东西，请记住那些东西我们不能要，如果万不得已，收了以后也要交给师傅或其他需要钱物的穷困者。”“第三点就是：千万不要遗弃你现在所学到的，剩下的路靠你自己的智慧。”至今，他说的这三句话我都记得很清楚，对此我不时地想起，也不时地思索。的确，我们家族的人从不在他人面前虚妄，在对待他人时不管是男女老少都同等对待。我也同样，见了小孩，我和他们开玩笑（亲近），说说话；见了做饭的、卖馕的人我也和他们开玩笑，有时我走过学校大食堂，那些厨师招呼说：“老师！

① boyni tuven hekh 直译就是身子或脖子比别人低。

您来，我们给您泡茶，我们聊聊天。”我就和他们聊天。有些人对此不是很理解（好像说那些人身份低）。我们家族的人反对互相吹捧，所以有些有关家族的历史，他们即便知道也不会给他人说。我有一个叫毛一丁伯克的叔叔，那人已过世，他对我们家族的历史掌握得很清晰，我有一次拿着我自己整理的有关家族历史的资料去找他，说您给我说说您知道的一些事，他看了一阵后，问我写这个干什么。我说那些亲戚们都有写个家谱的愿望，我想完成这个愿望。他盯了我一会儿说，您这些事都亲身经历过吗？我说当然没有经历过，所以想继续了解。他说您知道多少就写多少，就此罢休吧。您不要想着把它深化、系统化，要把它留给后人，家族人里谁想知道，让他自己打听去……我很纳闷，就问他这是什么意思。他说历史上一些十分敏感的问题您听说了吧？我说知道一些，他就问您知道哪些？我说到我们家族以前役使过的人，他们的后代有一部分还在。“敏感点”就在这。他沉默许久后说“敏感点”很多，您最好不要提这些事了。此后，我就想到如果提到这些事情，会得罪很多人，无形中我们的身份被抬高了那就会树立很多“对立面”。我们的家族中曾经[1]役使过一个叫艾山的 ghezniqi（金库保管），后来因发现他贪污，而把他给“处理了”，现在他的后裔称自己是皇家金库保管的后代而在别人面前炫耀自己的身份，后来我们家族有人不小心把这个事件[2]透露给了别人，“皇家金库保管”的后代听到这事后，全家族的人都非常生气，开始非常仇恨我们家族的人。我知道这件事后，就理解了毛一丁伯克叔叔所说的“敏感性”的真正含义了。那一本叫《阿图什》的书，只写了近代一些人的事，书上提到的一个叫 mehmut hekim 的人被贬到哈密的事情[3]，当时被贬的人算上我们家族的达到 300 户，他们很多人因不习惯哈密的生活，其中大部分都逃回来了，只剩一个叫 kerim ghuja 的人，属于我的祖爷，现在哈密有他的后代，我们几十年来和那些人失去联系。有一年我在学校后门口开了一家饭馆，一天一个哈密来的叫阿布拉汗的大学生来饭馆吃饭，我就对他的名字感兴趣，他的名字里怎么带有“汗”字，于是我就打听他的祖辈。我问道：“您是谁家的孩子？”他说是哈密某中学工作的 mirehmet 老师的妹妹阿依夏目海

① 指喀拉汗王朝时期。
② 指“处理”金库保管。
③ 事件发生在清代。

尼目的儿子。我就问："您的曾爷爷叫什么名字?"他说他不知道。我就问："阿依夏目海尼目现在在哪儿?"他说是在 nurwagh。您的名字叫阿布拉汗（我曾专门去哈密寻找过那些亲人），您回去问一问您曾爷爷的名字，您的名字取得和我一个大叔叔一样。您母亲是不是有一个叫 metreyim 的亲戚在自治区交通厅？他说是，我就说您回去后，给您的家人说说你们在财经学院有一个叫×××的亲戚。那哈密的亲戚听说后，就找来了，先到了饭馆，当时我不在饭馆，他们就给家里打来电话。那来的人就是 kerim ghuja 的后代，他见了我就哭个不停，说是他一直都找不到阿图什亲属的音信。所以说，您问的那个有关家谱的问题，其实我们家族中有，但是基于种种原因不好公开。

当笔者问到如果把不同地域人的性格描述出来，这是一个敏感的问题吗?

他说您可以写，但很清楚，不同地域人们的不同，是由于自然和社会原因共同造就的。如上阿图什和下阿图什还有一段距离，当下阿图什杏子成熟之后，上阿图什杏子才开始成熟，这两地的气候都不相同，上阿图什的人因为在那个山间生活了很长的时间，他们长期有着共同的生活习惯，他们也深爱着那片土地，如果把上阿图什人的祖源根底深挖的话，他们其实都是盘根交错的关系，全都是亲属，没有外人，历史上不断地联姻最后形成一体，所以他们对自己生活的土地、人民有着深刻的感情。在那样的生活条件下，他们形成了自己特有的风俗习惯，上阿图什人和下阿图什人的生活习惯不同，原因是他们的生活环境造成的，所以他们自然而然地就喜欢他们自己的地方、自己的群体，相互依存、相互促进、相互提携。人们没有办法否定这个事实，说你为什么要喜欢上阿图什，这是天经地义的情感。我们也一样，为什么下阿图什人、买谢特人把自己看得比别人高呢？主要是因为，这里的人生活在有"巴扎"集镇的环境中，虽然这个集镇很小，但它也能形成相应的意识。所以这些人自然而然地喜欢这个地方。在这里他们协同合作、互相通婚、相互交错在一起，原来贵族们和平民之间从不通婚，可后来都融在一起了。另外上阿图什和下阿图什之间的自然距离，因当时的交通工具落后（要么步行，要么骑驴），彼此往来甚少，所以各自形成自己的地域特色。而格达良乡、kiqingze 等地方也离集镇远，他们生活在比较宽松的自然环境当中，他们生活的地方是开阔无垠的荒漠，所以他们比较自由，那样的环境形成他们特有的性格，如果让格达良乡的人来“巴扎”生活，他们还不愿意，因为他们在格达良要比这里自由自在。自然环境具有非常重要的作用，您也可能读到过，物质决定意识，物质生活怎样，我们的意识就会怎样，只有意识发展了，反作用于物质世界时，我们才会用意识改造我们的物质世界，而这些地域意识是根深蒂固的，一两百年是很难改变的，只有多出来一些像我们这样的知识分子，向他们解释并介绍异域的人和文化，他们的意识才会慢慢转变。我们头脑中的上阿图什人、下阿图什人、阿湖乡人、买谢特人都是各自具体的生活环境造就的。拿阿湖乡人来说，阿湖乡四面环山，他们所有的活动都在那个山涧里，每个星期一他们带洋葱、胡萝卜、柴火到阿图什来卖，对他们来说阿湖乡就是一块宝地，于是他们形成了自己的特有性格，所以您可以用物质决定意识的理论来解释这种不同地域具有不同性格的特征。我们虽然把阿图什作为一个整体，但内部又分很多不同地域，每个地域都有各自的特征，如我们说四个街道的买谢特，这是说以 hessultunum（苏图克布格拉汗的麻扎）为中心，一条是进买谢特的路，一条是进 azghan 的路，一条是进松他克的路，还有一条是去硝尔鲁克的路，所以说四个街道的买谢特指的就是这四条路的交叉点，这周围就叫买谢特，在 hessultunum 周围居住的几乎都是外地来的人，他们在自己的家乡生活不下去就到这个麻扎周围，靠施舍度日，有 hanerikh（喀什地名），有伽师县的，当时这个麻扎的瓦哈埔（养寺院、麻扎的捐赠地）地很多，那些瓦哈埔地的粮食被收到麻扎专用粮仓中，而且有不断送来的牛羊等捐赠品。这个麻扎每周五用直径四五米的大锅，把宰了的骆驼、牛、羊肉放入大锅内煮，并在肉汤里放入麦子、包谷煮成糊糊，用很大的葫芦勺子给那些各地来的穷人盛饭。买谢特也有一部分这样的人的后裔，他们现在也是一天无所事事，成天靠着土墙壁晒太阳，在 hessultunum（地名）往 kumbagh（地名）方向走的路上有一个窄巷道，再过去就有一个空地，后来就由这些从各地靠施舍过日子的人聚到此处，形成了一个 khelender kuqisi（乞丐巷），我们也不能歧视他们，他们现在很多人已经忘记自己的根源，就说自己是阿图什人，不过他们现在有人也富了起来，也有前去沙特阿拉伯朝觐过的，也有具有几十万资产的富户。阿图什人的这些特征不是随我们的意愿形成的，而是由自然、社会文化条件决定的。

现在我们学校有20多个阿图什籍教职工，互相见了面，janlirimiz yay-rapkitidu（全身心都会为之激动），为什么会这样呢？主要是我们头脑里有一个观念就是："我们来自同一个生存条件的地方。"另外，我们阿图什人以自己身为阿图什人而感到自豪，我们看了mhtarbughra的个人文艺晚会，都感到自豪，我自己也感到了自豪。地域意识就是如此形成的。我前面说到，阿图什人遍布各地，是由于自然条件恶劣而引起的，一个家庭里有一个人就可以完全承担农活了，妇女们织布、染布，剩下的男的就开始外出到各地谋生。如在外地，听说有阿图什人去世了，阿图什人会参加葬礼，不管这个人他认识不认识。

此时引荐人插话："前几年我去阿图什探亲，正赶上一个葬礼，葬礼在一个村里举行，要给周围各村的清真寺发请帖，周围各村的人都来参加葬礼，甚至有时在电视上播放有人去世的消息。"

主要是因为人多地少，耕地都是沙石地，所以人们纷纷外出经商、务农、求学（成为知识分子，冒险和创新精神很强）。

我小时候见过taxahunum染布坊的工作程序，记得那时，我们从kiqingze那边经过，那里有几个泉眼，那些人把织好的白mata（粗布）浸入泉水中捞出晾干，等快要干时，人们把布放在石头上用石头砸，经过这道工序那粗布就会变得很细，就像是细白布（akh hese），然后用一些方形刻有各种花样的木头模具，很多人排成一排，每人手拿一种花色，蘸上各种调好的染料在布上印花，我们叫这种布为segez或hemzek，人们用这种布来做衣服、被子的里子和zediwal（饰墙布），我们称这个行当为hemzek-qilik。还有一个名为memetsalih kharajim的人，在tekhtiyum开了一家织袜厂，他们织妇女穿的长筒袜、蒙面的纱巾，工业从那时开始在阿图什发展起来，阿图什人选择的发展途径就是注重知识与发展现代教育之路。社会存在决定社会意识，就说现在吧，拿我们自己来说，有谁不想买一辆车带着孩子到处旅游，可现在衣袋里空空买不起车，连自行车都买不起，所以只能沉默不语，俗话说："瞧着被子伸腿。"（量力而行）如果富有了我们也会夸口说我坐飞机去了什么地方，可我们现在连花200多元去个阿图什都有点心痛，所以我们如此爱自己的家乡，都是有社会文化根基的，我还是强调自然的、社会的、历史的条件决定我们特征的形成，这也是我们如此爱我们自己的家乡的根源，如果当时交通这么发达，人们走出去到各地相互交流，那么就不会像今天这么依恋家乡了。如果您去塔城，那里生活着12个民族，他们的生活有许多共性，那里不是维吾尔族人只说维吾尔语，哈萨克族人只说哈萨克语，而是12个民族都说同一种语言，比如这个碗，他们都说qine，把铁桶都叫kipel，钉子都叫qigil，菜勺子都叫ojo，都是相同的。在生活方式上，每年秋天结束后11月份左右，他们都习惯把牛、羊、鹅肉做成熏肉，他们叫sukhum，一个冬天一直吃这种熏肉，如果想吃新鲜肉了就会宰羊，无论您去蒙古族人家，还是哈萨克族人家、维吾尔族人家，都吃这种熏肉。有一年冬天我去那里，在别家做客，他们煮厚厚的面皮，盛到一个很大的圆盘子里，面皮上把煮熟的羊后腿及肋骨三处的肉放到上面，切成整块，用刀子割着吃，肉和面加着吃，给客人吃的肉与平时吃的不同，他们从不把前腿肉拿给客人。各民族所有的家庭都一样，您从生活方式上区分不出哪个是哈萨克族的，哪个是维吾尔族的，待客方式都一样，这说明他们融洽相处，生活习惯都相互影响了。

第三节 “我”与“乌鲁木齐人”的同与异①

第53号访谈人（女士，阿图什阿湖乡人，父亲是伽师县人，现在乌鲁木齐市某区政府部门工作，毕业于内地某高校，她与爱人在同一单位，爱人是乌鲁木齐出生的喀什籍人，现生有一男孩。该访谈人的姐姐也在乌鲁木齐市工作，姐夫是阿图什人）。她交往的人中阿图什人较多，她现在正在参加一个kata qay，其中有六个人都是与乌鲁木齐人结的婚，因此有很多共同语言，而且在生活习惯上也与乌鲁木齐市人较相近，又有阿图什人的味道。她认为，在待客方面阿图什人与乌鲁木齐人是有区别的：

第一，这种区别体现在洗手方面。

在阿图什，客人来了，首先要在男性长者的带领下做duah（祈祷）之后，主人就主动给客人倒水洗手，用aptu qilapqa（专用洗手壶），不叫kol yuyux（洗手），而叫kol qaykhax（涮或冲洗手）。在举行nezir葬礼时，因

① 此部分内容由笔者的妻子协助调查。

现在来的人多，有时在租用的 zal（专为婚丧嫁娶之事设计的宴会厅）里举行，因此，门口站一男一女，男的给男客人倒水，女的给女客人倒水。如果是在自己家里举行，主人会一个接一个地倒水，毛巾由客人一个传给另一个擦手。在阿图什，人们非常讲究“tvr”（来客人时坐的上座，客人按年龄大小顺序坐，所以主人倒洗手水也是从大到小，以示礼貌）。

在乌鲁木齐，现在基本不洗手，在她婆婆家，有时不洗，有时洗手，洗也是婆婆或公公站在门口让客人洗了手以后再进家，要么客人自己到卫生间洗，有时客人自己主动要去卫生间，怕麻烦主人。在她家，她根据客人的情况来决定，如果客人是年长者，做完 duah 以后，她主动倒水让他们洗手，如果是同辈人她会问客人手是否干净，要不要洗一下，有时客人自己去卫生间洗手，如果是朋友就比较随便。

她姐家也是，只要是年长者，一定会主动倒水洗手，尤其当双方都是阿图什人时，更讲究这个。现在乌鲁木齐市的 nezir（葬礼）一般在清真寺举行，寺里有专门的大厅，有个人站在门口，给客人倒水洗手，但她曾见到有些地方的人对此并不怎么讲究，不洗手就进去了。

第二，在上饭时两地区也有差别。

在阿图什，先上抓饭、包子、ququr（水饺）、ugure（肉汤面条，是手工切的精细面条）、huoxiang（带肉馅的包子，先蒸后煎），最后一顿饭是 suyukax（带汤的面），总的顺序是“稠”的饭先上，“稀”的饭后上。各种饭不可能同时上，一种吃完再上另一种。所以在招待客人时，主人一般是一整天都在做饭，要做不同种类的好几顿饭。

在乌鲁木齐，多用炒菜待客，各种饭菜同时上，不过年长一点的人也与阿图什有点相似。饭菜中有抓饭、kordak（羊肉粉汤）、炒面等。一般情况下，待客的饭是抓饭、炒面、包子、kordak、烤肉、杂碎（羊的内脏），因为杂碎做起来比较不方便，现在人们又比较忙，所以多数人从市场或超市购买。从外面买的饭食还有凉皮、凉面、凉粉、薄皮包子。由于抓饭太油腻，它开始不怎么受欢迎，在年长者当中尤其如此。

第三，还有一个区别就是做 Duah（祈祷）。

按维吾尔族的传统，客人进入主人家以后当着主人的面要祈祷互相问候，以感赞真主让他们平安相见。在阿图什，只要客人中有男性，不管大小，都会做 duah 问候主人及其家人。而在乌鲁木齐，一般老年人都会这么做，但有时也不做，年轻人当中基本没有这种现象。她和丈夫到别人家做客，她从来没有见过丈夫做“duah”。

第四，两地语言的区别。

被访谈者的阿图什方言已经变了很多，但也能听出一点阿图什口音，因为她从阿图什出来久了，而且丈夫是乌鲁木齐市人，和乌鲁木齐人打交道的机会多。但由于她姐姐和阿图什人结了婚，一进她姐姐家，就从话中马上听出到了阿图什人家中。比如，她说 kimu（谁），她姐说 qimu（谁）、qire（请进）。她姐姐常说姐夫为 pok oghursi，是一种骂人的话（可能她丈夫是硝尔鲁克人，阿图什人常说硝尔鲁克人为 pok oghursi）。但如果她自己说，她丈夫就接受不了。有时她参加阿图什人的婚礼，别人不信她是阿图什人，说她的有些话说得就像乌鲁木齐人，然后说她是背离故乡的阿图什人。

第五，婚礼上的区别。

在乌鲁木齐市如果双方都是阿图什人，放的歌曲都是阿图什民歌，尤其是典型的 uq pede（歌曲名），而且跳舞的男女都用阿图什的方式跳舞，uq pede（男的一起转着跳舞，女人不跳舞，有点像 sama 舞），而且阿图什人跳的舞类繁多。最近她姐姐家举行 hetme toy（割礼）时就是这样的，而且跳 uq pede 舞的人都是阿图什人。在阿图什人的婚礼上，一般是三四个民族舞中间加个交际舞（或一对一），在乌鲁木齐人的婚礼上，交际舞较多，三四个交际舞中间加一个民族舞，民族舞跳得很少。如果不是阿图什的人结了婚，在婚礼上放了 uq pede，只会有参加婚礼的阿图什男人跳舞。

她的婚礼上基本上跳的也是交际舞，民族舞跳得很少，几乎没有。

第六，生孩子时看望孩子和产妇方面的区别。

她生孩子时，是她母亲到乌鲁木齐市来照顾的。在阿图什，人们非常讲究坐月子。她认为，在阿图什生孩子以后 qikitandi（小孩子出生后在40天月子里的一种看望方式）。在过去，生男生女时 qikitandi 的礼不太一样，生男孩子送的礼重，但也没有特别明显的区别，婆家会带一只羊在产妇家宰，然后用黑羊皮包裹产妇，补“热气”。如果男方家买不起给产妇家送的羊，也要让他的所有亲戚全都带礼物如肉、鸡蛋、冰糖、布等，一一看望产妇。她大姐生孩子时，在阿图什（她当时年龄还小），就是这样的。在 qikitangdi 时，男性不去，只有女性，婆家的婆婆、嫂嫂、姨姨等人送布料给产妇，并给孩子买东西去看望，看小孩子时也进屋到小孩子跟前去，也可以抱在手里（但在乌鲁木齐市，小孩子一般是不让看的），很重要的一个禁忌就是看小孩绝对不能空手去，害怕孩子以后 uzi surun bop kalidu

（成为一个冷漠的人）。而且，就算已经看望过，在月子里任何时候进有产妇的房子看小孩子都不能空手去，否则产妇会"umunup kalidu"（产妇会想这个人给自己带什么东西了，会 tamakilidu，即企盼别人带东西，如果没有东西，产妇的乳头会疼，等送来东西才能好）。除了 qikitangdi，人们还要第二次去看孩子和产妇。关系好的家庭，还会时不时地给产妇家送饭，这叫 tawak。

在乌鲁木齐市，就没有 qikitangdi，她们只有 yokhlax（看望），像看病人一样，给产妇和孩子都买礼物。现在在维吾尔族经营的超市里有包装好的礼品，内装各种糕点。因此现在比较流行送这样的礼品，另外再加上一套小孩的衣服。有一个父母双方是阿图什人，自己在乌鲁木齐长大的女子在乌鲁木齐生孩子，人们来看望她时，有的用布，有的直接给小孩子买东西，但一位在乌鲁木齐居住的阿图什人拿了一个 dastihan 之后，走到她跟前拿了一块布说是给她 qikitangdi，还有她的姨妈出差去北京路过乌鲁木齐来看她时只拿了一块布算是给她 qikitangdi，从北京回来以后，给小孩买了一套衣服。

在阿图什，有产妇的家庭在其房门上，要挂一块小红布，以示内有产妇，男人不能进去，在乌鲁木齐市可能都是楼房，很少这样做。

不管是在哪里，礼的厚薄根据两家人的关系来定。

还有一个区别是：在阿图什，送 tavak 时（送饭，一般是抓饭、包子、烤包子等），如果客人的 tavak 里有五个馕，主人留住三个，给客人放回客人自己带来的两个馕；而在乌鲁木齐市，把客人的东西全留下，然后在他们送饭的盘子里放长筒袜、香皂、小毛巾等东西，即使没有 tavak 时买的东西，也送到客人手里，算是产妇家人的感谢之意。

总之，她平时在做事情时，一般按照乌鲁木齐的方式做，只是在关键时刻，在重要事情上才按阿图什的方式做，由于她姐姐和阿图什人结了婚，因此，有时她姐姐看不惯她穿的衣服，嫌她穿得太过暴露，她姐姐比她传统，在别的方面她姐和她没有什么不和的意见。

她交往的人中由于阿图什人较多，她丈夫对她的朋友们不冷淡也不热情，但也陪她去该去的地方。

在教育孩子上，她认为老人教育的孩子好，她的孩子一直是婆婆照看，她下班以后，每天中午去她婆婆家吃，晚上下班后把孩子接回来，她没有发现她在孩子教育上与阿图什人有什么不同，也有可能是所有老人的观点都一样，也有可能是他们是喀什人，比较相似，也有可能她个人不太了解这方面阿图什的事情。

去婚礼答礼时，根据她与她们交往的程度答礼，即便是阿图什人，平时交往不密切，答礼也就很一般。

第57号访谈人①：

他们夫妻是10年前落户到乌鲁木齐的阿图什伯干村籍商人。以前和伯干村的亲戚们关系不太好，现在好了，可能是因为搬到乌鲁木齐市的原因。他们搬到乌鲁木齐市主要是为了儿子的前途（现在儿子T某在新疆某高校就职）。据妻子A某讲，现在结婚基本上每个地方都相同了，只要给彩礼钱就可以了。在阿图什，如果男方给女方15000元的彩礼钱，女方要把其中的4000元送给“新郎”，要么不给钱，直接给新郎买一辆摩托车，再加一套衣服或一件皮衣。如果在乌鲁木齐结婚，阿图什人就会基本按照乌鲁木齐的方式“办事”。一般在阿图什结婚以后，新婚夫妇要在新郎家住一段时间后再搬出去“另立门户”，可在乌鲁木齐，孩子们结完婚就“另起炉灶”，不管是第几个孩子。在阿图什，等婆家有条件买房子之后，孩子才能离开而“自立门户”。一般最后留下来和父母住的是家里最小的儿子。在乌鲁木齐结婚，男方买房子，如果有四间房子，一间或两间须由男方买沙发、电视、桌子等，女方负责买冰箱、洗衣机、被褥、窗帘及往各种家具上盖的“花布”、碗筷炊具等，有的即便是男方买锅等家什，可碗筷肯定是女方买，还有“yekandaz”（专门为客人备的跪坐褥子），A某的女儿在乌鲁木齐就是这样结的婚。女儿新疆大学毕业，毕业后留到乌鲁木齐，在南湖的一个办事处工作，丈夫是在乌鲁木齐出生的阿图什人。A某搬到乌鲁木齐市的住处时，现丈夫的姐姐正好也住在这栋楼里，她一见到A某的女儿就认定要娶给自己的弟弟，后来这事就真的成了。

在阿图什市区，结婚及结婚时买房子及家里的摆设布置，基本与乌鲁木齐的差不多，但在农村往往要腾一间房子给“新人”住，需要买地毯、被褥或做被褥和衣柜（箱子）等。女方来的时候带一套新的炊具，两床被子，两床褥子或两个yikendaz（客人跪坐时专用的长褥子）等。另立门户

① 夫妻都是去沙特阿拉伯朝觐过的“哈志”。

时，把女方买的东西都拿走，如果男方“好”（指人品）的话，再给买一些东西，家里如果有有价值的东西也给一点。

阿图什翁艾日克村操办婚礼时与别的村子有些不一样，如果一对男女结婚，男方在婚礼前两天就把所有婚礼上用的如米、面、一头牛、木柴以及厨师和招待客人的“帮手”都“送”到女方家里，现在也是这样。

在阿图什结婚或办喜宴 sunnet toy（割礼）、oghul toy（男方婚礼），仪式结束后，主办方都要举办宴席专门答谢仪式前后协助者。但 kiz toy 女方婚礼与 meslihet qay① 都是在举办喜宴以前（其中的主要原因是女方的很多陪嫁品都需手工制作，需要很多人力以布置一些针线活，而 meslihet qay 主要是因安排、布置喜宴协助人的“任务”，所以要在举办喜宴前）。协助者主要还是左邻右舍。

现在结婚基本上给钱，不像以前那样带着新娘到处买嫁妆，目前在婚宴上曾加了一道菜肴“kordak”。

在阿图什结婚，以前是女方先办喜事，当天男方接到家里以后，先住一晚上，第二天再办事，现在基本上和乌鲁木齐一样，双方都在同一天举办婚礼（有可能是因为现在婚宴多数是在 resturan 饭店办的缘故）。

qilakh，结婚五六天以后，女方家宴请新娘、新郎及他们的亲朋好友来相互认识，主要由年轻人组成，也是带头的年龄稍大一点的，从早到晚不停地做饭，做五六种饭菜，女方去二三十人，男方也去二三十人，去时，婆家人带一只羊，其他东西均由女方出。做各种各样的饭，非常丰盛，送客时，给来的男人一人一条毛巾或一件衬衣。新郎给一双鞋、裤子等好一点的东西，女的一人一身 grip 布，亲戚们是（主要是给婆家人）xipingduhawa（一种女士服装专用面料）和毛料。

在乌鲁木齐市结婚三四天以后，双方亲家要给彼此介绍亲属（qilakh），双方同时在一个饭馆请，互相到对方的桌子前去吃。宴席结束后，双方同时付账。也有分开请的，但这主要是亲家之间，与 qilakh 不同（调查人认为），在乌鲁木齐市，qilakh 以后，双方亲家就不怎么频繁来往，而在阿图什，隔一段时间亲家就互相请一次，以前新郎去丈母娘家只能在星期五去，而且要带生牛羊肉及其他一些零食（巴旦木、核桃等干果），不过现在哪一天宴请就哪一天去，时间不定，但还是要带肉及吃的东西。

---

① 为安排、布置婚宴而举办的“商讨会”。

婚礼前后，亲家之间经常请客，比如过节、过年，首先去亲家家里，以示尊重，婚礼后，有 uzkuruxturux（见面礼）、亲家 khuda kurexdukh（相见礼）等活动，男女分开宴请，在乌鲁木齐市就没有这些事项，亲家间也在意这些礼节，而在阿图什，如果你不遵守这些礼节，亲家是会生气的。在乌鲁木齐如果两个阿图什人成了亲家，这种请的事情也多（不像在阿图什那么正式），或者与喀什人成亲家也会同阿图什一样，喀什人的这些习惯与阿图什人较相似。

在乌鲁木齐有 uz yurtlukh qeyi（同乡茶），各村举行各村的，也有伯干村的，但 A 某没有参加，这个伯干村人的同乡茶只是在女人间举行。邻居之间也有一个茶，新搬入一个小区，通过邻居间的“茶”，人们可彼此认识。维吾尔人邻居之间自古就有送饭的习俗[①]，现在送自己家乡的特产，过年互相拜年，她之前住的地方（延安路），人们互相串门，但现在的这个小区的人却不互相串门。

斋月期间，如果她爱人在比什凯克或是在阿图什（多数时间出门在外做生意），她就不请开斋宴（iptalikh）。在乌鲁木齐办开斋宴，各地方人基本一样。

在乌鲁木齐去看产妇，主人给来看产妇的人要回送东西，如毛巾、袜子、香皂等东西，在阿图什就不回送，她女儿生孩子的时候，别人来看她的女儿，她不知道这个习俗，就没有给，后来她去看别人的孩子，她们给了以后，她才知道，于是非常不好意思……结婚也一样，给别人的 tawakh（放礼物的盘子）放东西。在乌鲁木齐当有人生孩子时，别人只给送一次 tawakh，往往是买东西去探望，举办 buxuk toy（摇篮礼“新生礼”）时再去一次，摇篮礼时往往送钱，而在阿图什要看很多次。在阿图什，生孩子之前临近产期，娘家人去接女儿，娘家人从自己的村子“yurt 或 mehelle”，带上二三十人或五十以内的人去，都是女的，每个人都有 dastihan（答礼），婆家人也回送他们所答的礼，如女方来的人有人带了包子，婆家留下大部分后留几个包子同时在 dastihan 里放一个馕。如果对方带的是五个馕，婆家就会留三个给自己，回送原来的那两个，这个仪式也叫 kiz sorax（直译是：要女儿），意思是女儿住婆家因有身孕，不方便。接回去两三天以后，小姑子等人再去嫂子家叫嫂子“回家”“吃饭”，并让嫂子经常回婆

---

① 家里做了好吃的或是邻居家里有病人了，邻里会主动彼此送饭。

家（生之前），女子就这样会在两家之间来往，基本上一周回一次婆家。

生孩子以后，要举行命名仪式，这时男方带十几个人，同时请 imam（教长）或会念经起名的人来给新生儿举行命名仪式。

qikitangdi：婆家人带二三十人去娘家给他们“炖肉”、做抓饭、ugre 等多种饭菜，主要是送布、馕，给孩子买东西。

yotkan yepix：生完孩子十几天以后，婆家带一床被子、一床褥子去亲家看产妇，娘家人再做一床被子、一床褥子，产妇回婆家时两套都会带回自己的家里。

孩子过 kirik suyi kuyux（40 天）：准备 40 个馕（不过也不一定是 40 个，大约是 40，是 tukaq 小油馕）。从左邻右舍叫来七个或十五个孩子（数字不定），来到产妇家里，找一块 kakil（泥土块）和金耳环等金首饰，把泥土块放在碗里用水泡软以后，加上热水，然后那些小孩子争着冲洗婴儿，在倒水的同时，还得有一个大人念经文，洗完以后，用没有用过的毛毯、单子把孩子包起来放在较高的地方，希望他将来有较高的地位、威望，把洗完的水倒到屋顶（但在城市里只能倒到下水道里了），给每一个孩子发一个馕还有糖等零食。家里要做 atila，第一碗给产妇，其他的一人一碗，再把邻居们叫来让他们吃，他们也不会空手来，会给孩子带礼物。

生孩子前，人们会为孕妇做 daah（祈祷），望她顺利渡过难关。

第四节　乌鲁木齐市阿图什人的婚姻观

在乌鲁木齐生活的阿图什籍人，不管是国家干部、职工，还是商人，都可以说是第一代“移民”，他们的婚姻绝大多数都是在同乡人内维系的，而且很少有例外。因此，他们的婚姻维系也都是在同乡、同村人当中，而且婚姻都比较稳定。第二代移民（其父母是 20 世纪五六十年代落户乌鲁木齐的人）多数情况下也是维系在阿图什的地域范围内，很少找外地人结婚。

阿图什人的传统婚姻甚至强调在本村、本家族亲属内通婚。现在在乌鲁木齐等外地生活的阿图什人绝大多数还是要找自己的同乡。阿图什人认为同乡人的风俗习惯相同、人们的习性相近。同乡人双方父母操办婚礼会很“熟悉”，通彼此的礼数，会减少亲家之间的矛盾和分歧，亲家之间婚后可和睦相处，有利于维系姻亲关系。对于夫妻双方来说，夫妻因知道彼此的“脾气”，所以可以形成和谐的家庭。打听亲家“家底”是维吾尔族传统婚姻联姻前的第一步，维吾尔语称这为“tigi – tektini suruxte khilix”，即探寻亲家祖先的德行“家底”。看是不是宗教信仰虔诚、家境殷实、社会名望好的家庭，特别是以前的“大家庭”的后代都是重点考虑的对象。阿图什人有一句俗语“balangni erge bergiqe atanisigha ber”，直译就是“与其说是嫁丈夫，倒不如说是嫁其父母”。也就是对子女结婚时父母要寻根问底的形象表达。出门在外，阿图什人除考虑上述这些方面之外，又更加注重对方是不是同乡，认为从小一起长大的人可靠，或是看中男方会做买卖、经济条件好等。当地人还认为邻里、同村、亲属的小伙、姑娘知根知底更可靠、放心，而对外乡或外地人缺乏信任感。

阿图什人自己也认为，阿图什籍的儿媳妇是最优秀的。

第34号访谈人（自治区某厅级部门退休干部）说：

新疆人有种说法：吃面要吃柯坪的，娶妻要娶阿图什的。但阿图什的姑娘不外嫁是出了名的，有谁如能从阿图什娶到姑娘，那个人就很“厉害”（人品、为人、生存能力都要比别人优秀）。

在阿图什，很多父母为在乌鲁木齐工作的子女找同乡人定亲，总是设法通过熟人相互探询。

个案一：

笔者在前面的访谈资料中提到有一个从阿图什工商局到新疆财经学院进修的阿图什人，他的孩子从内地大学毕业后留在乌鲁木齐市一家医保部门工作，父母就想着为他定一桩好的亲事，于是利用在乌鲁木齐进修的机会，四处“打探”好的联姻对象，正在这时他听说财经学院有一个退休的老师家里开“小灶”，专门做家乡饭，他在那个老师家里“包饭”[①] 吃。有一天吃完饭，他专门留下来郑重其事地和那个在乌鲁木齐市已工作几十年的老师商量他儿子的婚事，希望在这个老师帮助下在乌鲁木齐的阿图什人当中找一个好的亲家（此资料由第12号访谈人提供）。

---

① 一个月交一次钱。

个案二：

第 17 号访谈人大学毕业后执意要留在乌鲁木齐市工作，后来靠他在乌鲁木齐市的亲属在高速公路管理局找到了工作（工作报酬丰厚），他认识了一个在乌鲁木齐出生的姑娘，这个姑娘虽然各方面条件都还不错，可就是在一些方面“不尽如人意”，他总是要在很多方面迁就这个女孩，他说自己认为阿图什姑娘非常能接受的一些个人习性，而这个姑娘就接受不了。有一天她因访谈人约会时迟到几分钟而怄气（阿图什的姑娘不会这么娇气），他就下决心和她分手了。这个年轻人现在的妻子（阿图什人）是经同乡人介绍认识的，脾气很相投，夫妻恩爱和睦。

个案三：

M 某 1970 年出生在阿图什的一个中学教师家庭，20 世纪 90 年代中期于新疆大学毕业后在一家电视台担任技术工作，娶的妻子 A 某是阿图什的一个“地方级高干子弟”，他们一家两口有两个“挚友圈”（这个圈子的人都是在 35 岁左右大学学历的国家在岗职工，有干部、技术员、教师等），M 某的“挚友圈”里有 14 个人，而 A 某的“挚友圈”里有 5 个人，M 某的朋友们经常性聚会，举行 qay 仪式，据他本人说平均每周一次，聚会地点多选在外面的餐厅。加上 M 某共 15 个人的挚友圈的妻子们每人一个月出 300 元进行一次 qay，而这 15 个妻子们的 qay 仪就是为了维系丈夫们的关系而举行的，并不是情感交流性质的聚会，她们各自都有自己的挚友圈子。

为了分析乌鲁木齐市阿图什人婚姻情况，笔者分析以 M 某一家为“核心”的社会关系——“挚友圈”为例，想说明阿图什人的婚姻基本上维系在自己的同乡人内。

表 1　M 某一家主要社会关系（挚友圈）及其婚姻状况

家庭序号	姓名	与 M 的关系类型	出生地	M 友妻父母籍贯
1	夫 ns 妻 db	中学同学（平行班）	阿图什瓦克瓦克村	阿图什
		友妻	乌鲁木齐	

续表

家庭序号	姓名	与 M 的关系类型	出生地	M 友妻父母籍贯
2	夫 nm 妻 mb	中学同学（平行班）	阿图什提坚村	阿图什
		友妻	塔城市	
3	夫 tg 妻 rn	中学同学（同班）	阿图什兰干村	阿图什兰干村
		友妻	乌鲁木齐	
4	夫 vl 妻 an	中学同校（低一级）	阿图什市市中心	阿图什
		友妻	乌鲁木齐	
5	夫 gp 妻 an	中学同学（同班）	阿图什提坚村	阿图什
		友妻	乌鲁木齐	
6	夫 al 妻 db	中学同学（同班）	阿图什康苏村	阿图什
		友妻	乌鲁木齐	
7	夫 abl 妻 Mb	大学同系（高一级）	阿图什阿扎克乡	阿图什
		友妻	塔城市	
8	夫 al 妻 mn	中学同学（平行班）	阿图什市市中心	上阿图什乡
		同事	上阿图什	
9	夫 anv 妻 aly	中学同校	阿图什格达良	阿图什买谢特
		友妻	阿图什买谢特	
10	夫 mt 妻 ald	中学同学（平行班）	阿图什兰干村	阿图什
		友妻	阿勒泰市	
11	夫 brt 妻 gbr	在乌鲁木齐市认识的同乡	阿图什阿湖乡	喀什市
		友妻	喀什市	
12	夫 ysp 妻 nrg	中学同学（平行班）	阿图什提坚村	阿克苏市
		友妻	阿克苏市	
13	夫 anv 妻 sry	小学同学（同班）	阿图什兰干村	阿图什
		友妻	乌鲁木齐	
14	夫 rhd 妻 dln	大学同系（高一级）	阿图什上阿图什乡	阿图什波亚买特村
		友妻	阿图什波牙买特村	

表 2　15 个阿图什人的基本婚姻状况

	夫妻同乡	同乡同村	夫妻异地	有同籍关系的异地夫妻	纯异地	夫妻实质同乡
户数	4 家	无	11 家	9 家	2 家	13 家
占 15 个家庭的百分比	26%	0	73%	60%	13%	87%

这个分析数据虽然没有严格科学意义上的代表性（样本数不够），但从以上的数据分析中，我们可以得出在乌鲁木齐的阿图什人依然把自己的婚姻维系在同乡人当中。

在上述 M 某的个案中有一个较为奇特的现象，这些 35 岁左右的阿图什人都有大学学历的教育背景，且大多数都娶了第二代或是第三代阿图什人之后裔，她们多数是乌鲁木齐出生的，也有阿勒泰、塔城出生的阿图什人后裔。这说明不仅仅是外出的阿图什人，无论几代人，依然把自己子女的婚姻维系在同乡群体内，也说明对于阿图什籍的外地人来说，自己子女通过和同乡来的人成亲，越加维系和同乡、同村人之间的关系。而对于这些通过考大学而“落脚”到乌鲁木齐的年轻人，找乌鲁木齐出生的阿图什籍姑娘，不仅维系了同乡人结婚的传统，而且更为他们在乌鲁木齐社会“站稳脚跟”获得更多的帮助，最为直接、最为功利的方面就是在生活上的照应，妻子的父母可在生活上更为便利地帮助孩子（照顾后代）等。

阿图什人一提起和异地人结婚就强烈地认为和异地人的婚姻会不稳定、不持久，阿图什人和外地人成亲有两个第三代后裔（祖辈时就离开阿图什）的婚姻情况值得注意。

个案四：

阿图什人第三代后裔的婚姻

据第 2 号访谈人（阿图什伯干村人，乌鲁木齐市某企业退休工人）讲：他们的一位男性亲属①生活在伊犁地区新源县，祖辈、父辈都在新源县行医。结了四次婚，前三个找的都是伊犁人，可都因“合不来”而使婚姻告终。到第四次结婚时父母意识到要给孩子从阿图什找一个“媳妇”，

① 第三代阿图什人。

于是第四个妻子是父母从阿图什介绍来的，现在一直和这第四个妻子很投缘，婚姻总算稳定下来了。

据第 8 号访谈人讲：他的祖辈是新中国成立前从阿图什做生意到焉耆县的，新中国成立后其父母亲在和静县政府工作。20 世纪 80 年代初又从和静调到库尔勒，而他是在上海的一所大学毕业的，后分配到乌鲁木齐工作。他找的妻子也是阿图什人的第三代后裔，可现在婚姻不是很幸福。据他的友人告诉笔者说，他是一个很优秀的青年，可他的妻子总找丈夫的不足。他本人告诉笔者时说，他们是自由恋爱的，当他们的婚事定下来后，他的父亲得知儿媳妇的母亲是焉耆县人而不是阿图什人时，“倒吸一口冷气”，害怕以后儿子的婚姻不稳定，他说他的父亲真的预感到了（他对笔者叙述此事时，他的父亲已去世 3 年）。

个案五：

阿图什人与外地人的婚姻

某社区办公室的阿女士（上阿图什乡人，第 54 号访谈人）讲述了她的婚姻情况：她是新疆大学政法系毕业的，由于是优秀毕业生，毕业时被分到乌鲁木齐工作，在去人事局报到时[①]，认识了现在的爱人艾某，艾某出生在乌鲁木齐市，他的父亲是博乐市人（追根溯源的话和阿图什人有关系），而母亲是和田人，他有两个哥哥都找的乌鲁木齐人结的婚。阿女士的婚姻遭到男方父母极力反对，他们偷偷地领了结婚证，后来男方父母坚决让他们离婚。她结婚前也有很多亲戚找她结婚，可她考虑到以后子女的健康（与外地人结婚会好），而且她和丈夫是“初恋”。她们结婚时男方家里连“一分钱”都没有给，怀孕时她婆婆还要让她打掉这个孩子，生孩子时，婆婆家人也没来探望，什么都没给买。[②] 但丈夫为了弥补此“损失”，给了她两万元钱让她“尽情消费”。现在夫妻感情很好，她自己的父母思想很开放，父亲是在北京上的大学，她父亲曾经说过，只要她能幸福，找别的民族也没什么问题。当母亲对这个婚姻反对时，父亲说应该尊重她们的爱情。丈夫为了回报她（丈夫的家人在婚礼上一直都阴沉着脸），结婚时用了乌鲁木齐最高档的“长车”迎亲，还送了 99 朵玫瑰。至今，双方

① 附近青年公园后就是阿图什提坚人集中居住的小区。

② 没有按正常的礼节对待这个“儿媳”，阿女士受到了不公平的对待。

父母亲家间都没有来往过。

她的其他两个妯娌对婆婆的工作做得不好，不如她，而且公公住院时，只有她天天去照顾公公。当时，公公很感动就为她做了“duah”。[①] 现在婆婆也承认所有儿媳妇里她是最好的，心里也接受了。但由于当时非常反对，有过很多不愉快的“事情”，婆婆碍于面子，还是不愿表露于言表。夏天婆婆家人要去和田，说是回来时要去阿图什探望亲家，但不是很肯定。即便如此，她母亲得知此事后，在阿图什做了很多准备，并为阿女士的公公婆婆俩人定做了 qapan（大衣）。

她的哥哥南开大学毕业后曾经留在乌鲁木齐工作了七年，因为想娶阿图什女子，把工作调回了阿图什，而且他娶的妻子还必须是他们上阿图什的，现在已婚，妻子是家庭妇女。

她的表哥是天津纺织学院毕业的，有个天津纺织学院的阿图什籍同学，他的父母听说阿女士的情况后，曾打探着要“成全”她的婚事。她的一位好朋友（乌鲁木齐市某区政府翻译，阿图什人）说阿女士还没有结婚时，经常有阿图什籍的小伙子打听她的情况。

个案六：

在新疆医科大学的一个附属医院里有一名阿图什籍的医生，娶了一个喀什籍的妻子，结婚时双方父母就不同意，后来双方感情也不好就离异了。现在该医生的父母让他找了一个留在乌鲁木齐市工作的阿图什籍女孩，已经结了婚，并且婚姻稳定。

个案七：

新疆医科大学某附属医院有一内地名牌医科大学毕业的阿图什松他克乡籍 R 女士，她平时很敬业，岗位上业绩也很突出，丈夫在乌鲁木齐市某交通系统工作，是阿图什提坚村人。在结婚前，有个乌鲁木齐市出生的阿图什籍男士“追求”过她，这位男士家里条件特别好，自己有私家车，他本来与一个阿克苏籍的女孩谈恋爱，还有 40 多天就要结婚了，连办喜事的饭店都定好了，可这时他的父母得知 R 女士是乌鲁木齐市工作的阿图什人

---

① 就是向真主祈祷赐福。在维吾尔族文化里如能通过服侍父母（包括岳父母）获得父母们满意的 duah，那是后生幸福的保证。

之后，让他的儿子不管“花”多少代价都要“娶到”这个女孩，把她“追来”，并答应结婚后给R女士买车买房子，提供很优厚的物质条件。但R女士认为，这样对那个阿克苏籍的女孩不公平，而且她认为该男子都能舍得快要结婚的女朋友而找别的女子，可见其“品行”也不太好。R女士认为，自己相貌平平，又矮又胖，他这么急着找她，这样的婚姻会不稳定，于是就拒绝了这门婚事。

R女士就和现在的丈夫结了婚，她婚后只有一件事让她的婆家生过气，把房子买到了医科大学，而婆家人希望她们能在延安路买房子，因为那里有很多提坚村人（丈夫的弟弟在土耳其、俄罗斯等国做生意，他说在土耳其阿图什人也是同村人住在一起，买房子也买到一起）。

她在结婚前，听一些阿图什籍的姑娘说，与不同地方的人结婚不仅观念不同，两地之间的来往费用也较多。因此，她也认为还是找同一个地方的人结婚好，在其他方面她倒没有想过必定要找个阿图什的人结婚。

第五节　对“观念中的我”的梳理

从以上的访谈资料中，我们可以看出阿图什人是如何表述自我的，由此，笔者归纳出阿图什人“观念中的我”的大致轮廓。

阿图什人眼界开阔，去过很多地方。注重学习知识、文化和教育，渴求新知，尊重有知识的人。阿图什籍的高级知识分子多，维吾尔族现代教育是由阿图什人最先引入的，历史上出现过一批为了办新式教育的有志之士。注重小孩子的品德教育，培养独立谋生的精神，传统上一直重视商业。阿图什人之间互惠互助频繁，能够维持严格的“社会秩序”。阿图什人注意保持自己特有的传统，注重伦理纲常，不排外。不同村落的阿图什人有不同的风尚、习俗及性格。阿图什人乐于帮助孤儿寡母与弱小者，注重亲情。阿图什人吃苦耐劳、艰苦创业，说话明朗，有啥说啥，从不在人背后谈论人。阿图什人因为到处经商见过世面，所以思想开放。阿图什人以好客著称，注重尊重和善待他人，能和他人和谐相处。阿图什人遇事沉着冷静，从不着急与人争吵争斗，有了过错也勇于承认错误。阿图什人适应能力强，注重家庭秩序，有强烈的地域认同感；外出的阿图什人喜欢和同乡人结婚，且婚姻持久。阿图什人会做生意，能赢得顾客的信任，注重把宗教、商业、教育糅合在一起。阿图什人注重待客的礼节，知情答理。

笔者根据上述内容把阿图什“观念中”的“自我”进一步总结为：注重商业，注重教育；注重传统的伦理道德；注重人情与待人接物；不排外，能够和他人友好相处；注重社会秩序，婚姻和谐稳定；有吃苦耐劳、艰苦创业的精神；头脑灵活清醒，生存能力很强；同情弱小，勤俭持家。

第四章　“单位”社会内的地域认同关系

“单位”制对中国社会结构的影响很深，“单位”社会也是当前维吾尔族都市社会生活的重要领域。由此，笔者选择了乌鲁木齐市两个维吾尔族人较多的单位，并对这两个单位内的地域认同情况进行了考察。笔者所选择调查的单位，其中有一家濒临破产的老企业（因在笔者的调查资料中牵扯到一些具体的人及其事件，为了保护访谈者必要的隐私，笔者在撰写过程中尽量避免提到一些关键的背景信息），另一家是六道湾煤矿。笔者所考察的这两家企业先前都位于乌鲁木齐市的郊区，可因近几年来市政府迁至水磨沟区，这里由所谓的市郊逐渐向乌鲁木齐“中心”区域“过渡”。这两个企业维吾尔族人很多，可以说在乌鲁木齐除延安路周围之外，这两个单位的维吾尔族人口最为集中。

前一家企业里有1300多户维吾尔族职工，从20世纪50年代建厂以来，这个厂吸收了南北疆各地的维吾尔族职工。因此，该企业的维吾尔族人际关系也多了一个层面，即“地域认同关系”，尤其是在婚丧嫁娶等大型活动中这些关系就能“凸显”或是“浮出水面”。该厂里伊犁、库车两地人的同乡关系较其他地区的强烈，其活动主要是在婚礼和葬礼中，这些活动中同乡人都要争相帮助主办者张罗仪式前后的各项事务，在婚礼时送走同一单位的异乡人，等待重要的仪式结束后，同乡人会重新聚到一起举办属自己地域的麦西来甫才能尽兴。

此企业阿图什人只有九户，因为人少，他们没有向别的单位里的同乡人那样形成专门的“yurt qeyi”（同乡聚会），但因别的地域的人比较多，笔者不得不从别的地域人的地域认同情况来探讨“单位社会内的地域认同关系”，又因乌鲁木齐维吾尔族社会的地域认同关系在婚丧嫁娶活动中最为显著，而同乡聚会“yurt qeyi”仅仅是在近六七年间才出现的，所以笔者选择由婚丧嫁娶入手来描述“单位社会内的地域认同关系”。

第一节 “yigit bexi”（仪式主持人）视野中的“各地人”

维吾尔族社会遇有婚丧嫁娶之事都要举办宴席，因来宴席的人很多，所以需要有人张罗，于是就出现了“半职业化”的主持人。主持人的职责有：写请柬、发请柬、预算并指定婚丧嫁娶等仪式当中设办宴席的各种消耗物品（柴米油盐）；仪式中前堂至后堂的总指挥，除保证饭菜的质量外，还要负责宴席中客人席位的编排。同时，还要负责父子之间的协调、主办者与客人之间的协调、担任仪式宴席上亲家之间的协调等。

笔者访谈的“yigit bexi”（仪式主持人）是喀什地区疏府县人，近20年他担任了这家企业的仪式主持人，已经成功地主持了几百场宴席，现在是一个经验丰富的主持人。因他在各地域人的婚丧嫁娶之事都担当过主持人，所以笔者认为有必要从他的视角去“看待”这一问题，以下就是笔者与该主持人的一次访谈：

我们厂大概1300户，有4500左右的维吾尔人。由于家乡的历史悠久，是存在了好几百年的乡村，在那里办个事（婚丧嫁娶之事）很容易，管理起来大家都服从安排。但在这个单位对我来说比较复杂的事是：这个单位的人都是来自南北疆各地的人，他们的性格不一样，也难摸清楚，我25年来一直在做此事（主持婚丧嫁娶之仪式），南北疆各地来的人到了水磨沟，分成北山、西山等居民点居住在一起，但只要办个“婚丧嫁娶之事”，仍然是同乡人最先来张罗，据我这几年来的观察，在各地来的人当中，最为关心同乡人彼此事务的要属莎车县人。他们是很喜欢热闹的人，喜欢在一起歌舞娱乐。如果有莎车县人办个喜宴，仪式结束后，他们很快就单独凑在一起，“演奏”或是“播放”自己地方的音乐（多浪乐舞），来一起娱乐。他们很团结，他们都是性格很直爽、善良的人，有了婚丧嫁娶之事，相互之间就非常关爱，相互联系紧密。结婚时能够让“场面”保持很热闹的另一个地方的人就是库车人，他们办婚宴时，全乌鲁木齐市区各个单位、bulung puxkhakh（各个角落）[1] 的库车人都来参加宴席，参加宴席的“外地人”会不断地离去，但同乡库车人会一直等到仪式结束，然后按照库车人原有的风俗，举办“库车歌舞”，非常热闹，库车人通过此方式加强联系。总的来说，在这个单位举办婚丧嫁娶之事，虽然会宴请同单位的各地人，但仪式前后主要还是以自己的同乡人为核心而团结相处。

我们这个单位的库车人也多，他们老少皆喜欢歌舞，一有婚礼就会非常热闹，其实他们当中很多人来这个单位前都不认识，只因是同乡而会依此加强情谊。莎车县是一个全国大县城，人很难彼此都认得，但到这来就能团结相处。说到北疆的话就是伊犁，伊犁人也很团结，他们到一起尽是说笑，他们不喜欢跳舞，但喜欢音乐，然后就是互相说笑。男女都分开聚会，一起大喊大叫（笑）。别的地方的人不参与他们的这些活动（掺和不了）。

这个企业库车人的人数比例最高，库车人下来要算伊犁人人数最多，再下来就是喀什、和田、阿克苏等地方的人，阿图什人最少。

访谈人继续说：

有些人还不知道我是哪个地方的人。不同地方的人，我基本掌握了他们的习性，我会按他们的习性区别对待，我们的喀什 js 县的人好争斗，如果不闹点事，他们就会觉得很“没劲”。我在主持莎车人、库车人婚礼时安排来宾坐这坐那，他们都会很配合，但就这 js 县的人会搞“派别”，必须和 mehelle（同村）人坐在一起。我主持的几十场婚礼他们每次都这样，他们内部“分派”分得很“厉害”，“大山头”中有“小山头”，主要是由于这个县的人文化水平不高。如果有 js 县人举办了婚宴，同乡人即使是身体有病，他们也会拖着病去凑热闹、去尽兴娱乐。

哈密人也很团结，和阿图什人一样，无论在乌鲁木齐市的哪一区工作都能相互联系，彼此来往。一有同乡人的婚丧嫁娶等仪式都会来参加。哈密人甚至把有名的同乡人遗体运回哈密埋葬，在哈密坟墓分为本地人坟地和外乡人坟地。

1998 年以前，维吾尔人还没有在饭馆举办婚礼的习惯，那时厂里的 merike zali（宴会厅）有厨房，当时我最头痛的是，一旦举办宴席，如是

---

① 形容所有在乌鲁木齐市居住生活的人。

阿克苏人的婚宴，厨房里就有一些阿克苏人“搅和”（捣乱），如是库车人的宴席，就有库车人到厨房搅和，喀什人也一样……就我一个人（扮黑脸）说：“你们少搅和这厨房的事”，更有甚者提着酒到厨房要让厨师喝酒。我就让他们出去到宴会厅去吃喝。如果他们是库车人就说我这喀什人为什么要管库车人的事，从而积怨。如果是和田人也同样如此，伊犁人和吐鲁番人都认为如果这个主持是我们的同乡，他就不会插手管这么多了（会让我们进厨房）。但大部分人还是支持我的，认为他们如果都到厨房，厨房就会乱套。我一般安排4个负责人端饭，2个负责收拾餐具，10个人负责倒水，1人负责厨房的事（有了短缺此人负责备齐），再有什么事情就由我负责。

另外，我一般根据主办宴席者提供的宴请名单，帮助主办者准备宴席所需物品，如200人的宴席大概需要50公斤肉，可那些人到了厨房要给自己的“关系户”们的抓饭碗里多加熟肉，原来计划的肉就会出现短缺，我也就不好交差了。我当时又不好向主办者说是××人捣的鬼，只有抓紧管理。不是说××地方的人都是这样，但每个地方的人都有那么几个人会在宴会上捣乱。

在这里办个宴会名堂还真不少，有些人仅“meslihetchay”（商量仪式）就请好几百人，我们现在开始压缩人数，以前结婚发请柬要发900甚至1000多份（户），其中就会有六七百户以上会来参加宴席，当时（20世纪90代初），这儿的习惯是一份抓饭上放三个薄皮包子，虽然来那么多的人，但答礼就平均每人只有三至五元。这些钱根本不够宴席的支出，有些经济基础好的家庭能承担此支出，但有些困难家庭就承担不了。因此，一些家庭会出现结婚后连续几年还债的事。所以最近这些年来人们就开始减少邀请人数，现一般要发200份左右的请柬，来的人也在150（户）人左右，尤其是现在到restoran（饭店）办宴席以后，宴请人数开始正规化了，婚礼上捣乱的人基本也没有了。加上很多人宗教信仰加强了，去沙特朝觐的人也多了，所以正式婚宴上不倒酒了，如果主办人以前一直喝别人的喜酒，该轮到自己还这些“人情”了，也就会在客人们散去后，摆上几桌来“应对”。这样的场合“酒后闹事”和“捣乱”的人也就相应少了。

以前人们结婚发请柬时，举办者要求以他们来厂参加工作的那一年为准，主要请同一年入厂的人（如主办者会说以1954年来厂的人为标准写请柬），不分同乡或是外地人，因为他们当时来厂参加工作时只有十七八岁，一起工作久了同时来厂参加工作的人会变得如同亲属一样，我们在家乡待的时间只有十几年，可是到了这里却一待就是四五十年，这里的同事变得同亲属一样，当时不怎么和同乡来往，可从（20 世纪）90 年代开始，乌鲁木齐开始找同乡，加强了同乡之间的联系。50 年代入厂的那些人夫妻俩大部分不是同一地域的人，一个是伊犁人的话一个就是和田人，可到了现在家里要办事，一个说宴请要以伊犁人为主，而另一个又说要以和田人为主，于是也产生矛盾。这里的同乡抱团的人群有：吐鲁番托克逊人、伊犁人、哈密人、库尔勒人、阿克苏人、库车人（包括新和县人）（库车人认为自己与阿克苏人有别）、喀什人、莎车人[①]、和田人（以墨玉县人为主），还有阿图什人。

笔者：您能说说这些不同地域人的性格方面的特点吗？

从全新疆来说，就我家乡的人最狡猾，烘烘[②]且富有心计的人是来自我自己家乡的人，对此我有切身的体验：我十几年前去吐鲁番沙疗[③]，吐鲁番人很真诚纯朴，我们如果找人托管我们的物品、钱物，过几天回来，那些东西会安然无恙，他们不会动那些东西。可我家乡的人去了以后，“拿走”他们的东西，或是“拿走”自己同乡人的东西，互相不团结，到头来吐鲁番人也开始不相信外地人了。他们也学会“拿”别人的东西，现在托管东西也不可靠了，以前我们在饭馆吃饭还能赊账，现在根本就是“现金交易”。十年前，我们有时一顿饭钱可以拖一两个月他们都不会催促所欠饭钱，我们会在离开吐鲁番前算清那些欠账。吐鲁番人的宗教信仰也很虔诚，也很认真，但就这方面也让我家乡的人“冲击了”，一些人要么拿别人的东西，要么住了旅馆不给房钱就走，败坏了我们的名声。俗语说，好事不出门，坏事传千里……

说到别的地域的人，如果请和田人到家里做客，主人如说客套话“您请坐，我们准备饭菜”，他们可就当真一直要等几个小时，他们说要做客

---

① 莎车县虽然行政区域上属喀什，但他们从不说自己是喀什人，他们对周边的泽普、叶城两县人也不认可。

② 指虚伪。

③ 夏天埋沙治疗风湿。

就会一直坐着，如果要走就不会留下来，这是一种诚实、纯朴的秉性。他们的另一个特色就是做事一定要按照他们自己的想法去做，不然他们不依，电视上把他们的这种性格拍成了小品，小品上一人卖鸡蛋，1 元钱卖两个，可顾客要 2 元钱买四个，卖鸡蛋的人坚决不卖，坚持 1 元钱卖两个。我自己现实中也亲身经历过，1982 年我去和田，在和田市民族医院门前见一人卖梨子（和田本地的梨），我在别的城市没有见过这么好的梨子，我问多少钱，他说 3 元一筐，我说 2 元一筐行不行？他根本不让一分钱，我说你零卖吗？他说卖 1 毛钱 3 个，那我 5 毛钱买 9 个吧？（我当时有点可怜他），可他坚持 1 毛钱出售 3 个，最后我用 3 个 1 毛钱挑了 9 个最好的梨子。我当时心里嘀咕这个地方的人真怪！后来我到墨玉县在一个同事的亲戚家里住，他们做花帽出售，一顶 1.5 元，有一天拿了 20 顶到街上卖，别人出价 1.4 元，可他们一分都不让，结果在街上坐了一天，一顶都没有卖就回了家。这就说明他们说真话，不欺骗人。在和田 bir qarek （一斛）小麦算 19 斤，而在莎车要算 26 斤为一斛，其中差 7 斤，还是我的同乡们探知这个“差别”之后，从莎车以 6.5 元的价格收购小麦后在和田卖到 7.5 元一斛，以中间 7 斤的差价“赢利”。而莎车县政府部门以 7.5 元一斛的价位收购，莎车的农民正把粮食带往收购处时，我的同乡商人半路“截住”这些农民以 6.5 元的价格收购。我当时问几个农民为什么不卖到粮食收购处，他们说粮食收购处不仅要排队，还要开发票，我们又听不懂开发票人说的话，向商人们出售方便。我还见到两个喀什人在莎车县一家商业合作社门口卖碗，一个卖 4 毛钱，而合作社内一个才卖 3 毛，那些莎车人直接就去买门口那个碗，我问为什么不去合作社买？他们说还是在门口方便。这些事实说明莎车人的纯朴，如果说南疆最诚实善良的人就要属莎车人了。

喀什人的一个特点是特别注重信息收集，七八十年代初通信事业没有这么发达，电话电报没这么方便，我就问我的同乡是怎么收集信息的，他们就说自己到长途汽车站问那些司机，从司机那里探知一些商品的地区价格差异，从而寻求商机。

这时笔者询问访谈人对阿图什人怎么看待时，因当时在场的引荐人是阿图什人，访谈者有意避开了这个话题。

阿图什人在我们单位很少，我没有什么可说的，这个单位阿图什人少的主要原因是自1954年该厂招了一部分阿图什人之外，就再没有招过阿图什人。这里喀什地区的人多的原因是，1965年该厂从莎车县及伽师县招了1000多人，我们疏勒县当时招工才招了11个人，当时没有招阿图什人。到阿克苏招了很多库车、新和、拜城及阿瓦提四县的人，到了1975年从伊犁招了一部分人，其他地方没有招人。

库车人也很直爽，人们虽说库车的妇女很shox（开朗）①，但男人其实很纯朴，只是有一些人到了乌鲁木齐市以后“学坏了”。1975年我和家人回喀什探亲，当时喀什地区的桃子因自然灾害而减产，很贵，没吃上桃子就上路了。当我们到了库车，发现车站门口有一姑娘正放着一筐桃子在卖，我问同路人这一筐桃子她10元会卖吗，同路人说肯定不卖。我就去问价钱，出乎我们的意料，她竟然说一整框卖4元但不零卖。于是我问3元卖不卖，那姑娘却说：“您这不是在开玩笑吗？”我说不是，她说：“您应先压到两元我再还到3元，哪有一下开高价的！”（意思是我们把价位说高了）。于是我给了3元买下那一筐桃子，我问筐子到旅社后腾空后送来行不行？她却说既然你们用3元买了一筐，我连筐子一起送给你们吧。当时如果这一筐桃子在喀什卖的话能卖到30元左右，而且筐子是绝对不会送的。这件事至今让我记忆犹新。我们这样外出的喀什人回家乡，因在外地工作时间长了有些方言会变，连小孩都能听出来我们是来自外地的。他们就把原先出售10元的东西卖到15元，库车人当时1元钱卖7个鸡蛋，如果我们要两元的他们会给我们再加1个鸡蛋，这是当地的风俗，而我们的同乡人还笑话他们的这种做法。其实这证明库车人很真诚纯朴，不过现在的库车人也可能变了……

引荐人Y某插话说，我去年到喀什去逛中亚市场发现那里的商业风气有了很大改观，不像以前那样漫天要价了……

访谈人说：商人中改变的就是那些礼拜五次的年轻人，他们很虔诚，也很正直，做生意从不骗人。他们对那种骗人的做法很愤慨，在那个新市场一到礼拜时间，那些年轻人拿出拜毡，在自己店铺前礼拜完继续做自己的生意，不蒙骗任何人。我弟弟就在那个市场卖衬衫，我去他的店铺时，有人拿了一件衬衫来换，说是买了七天了，小了给换一下，我弟就问：“真是在我店里买的吗？我不能给你退，只要没穿过，如大小颜色不合适

① 外地人对库车的妇女有不好的看法。

都可调换。”如果在以前或是一些“长辈”们对这样过了几天的货是不可能调换的。虽然那些人也礼拜五次，但他们说假话、欺诈哄骗，甚至伤别人的心。以前艾提尕尔清真寺旁的“香港街”里如有顾客来看了一家的商品后没买，继续看别家的商品时这里的商人就会破口大骂，相互之间甚至也为争个顾客而出言不逊，可到礼拜时间就都会去做礼拜。这些人的名字也都很好听，什么××卡热、××麦克苏木①。年轻的商人们出去见过世面，去过内地、国外。尤其是吉尔吉斯斯坦，他们待人接物都能以诚相待，和那些老年人之间出现了分化，他们开始对老一辈的行为进行了“改革”。其实，老人们以前也是好人，可自己的商品卖不出去后，竞争又厉害，于是就变成那样了。这些事我也亲眼见到。汉族人也有这种情况，如果某个商品卖得好了，马上提价，一个商品同行的卖完了也会迅速提价，也特别讲求谋略。

当笔者问及该企业维吾尔族当中有无同乡聚会“yurt qeyi”时，访谈人的回答如下：

我们厂伊犁的妇女有“yurt qeyi”（同乡聚会），男的办同乡聚会的少，同乡聚会兴起只有几年时间，聚会“茶”分三种，有邻居茶、同事茶，也有同学茶。我们没有同学，我们的孩子有同学茶。库车人的茶最多，连八一钢铁厂、昌吉都有人来参与，其实最重要方便的是邻居茶，如有婚丧嫁娶之事，首先会有邻居们帮忙（玩茶的人之间）。有一次电视上报道了一个延安路某小区一位妇女的讲话，说在小区里邻居们来往很少，后来玩茶，十家十家玩，共有三十家人，她们现在关系都非常好。不同地域的人举办同乡茶，有可能抑别人扬自己，可邻居们因是不同地区的会打破这种不良局面。

第二节　单位内的同乡关系网络及社会交往活动

第1号访谈人，1958年16岁时从阿图什伯干村被征入伍，在北疆沙

① 卡热、麦克苏木都是宗教品级。

湾某部队服役，退役时军衔达到营长（曾随部队辗转于北疆各地），1987年退役后先是回阿图什武装部，后在同乡人的介绍和帮助下进了位于乌鲁木齐市的自治区老企业，先后在水暖科、房产科、退休办、组织部等部门工作。访谈人妻子是同村人，在该企业的服务公司工作，现已退休，有三个孩子都已工作。

为了了解单位内的地域认同关系，笔者就以第 1 号访谈人的家庭为重点，把他们两口子在乌鲁木齐及在本单位内的所有社会关系（保持交往的人）详细罗列，由此分析他们在本单位内的地域认同关系网的具体情况。

表 3 第 1 号访谈人在乌鲁木齐市的社会关系总况①

（单位：户，一般以家庭为单位交往）

<table>
<tr><td>社会关系总数</td><td>103</td><td rowspan="9">关系密切者</td><td>34</td><td>33%</td><td colspan="2">同乡基本情况</td></tr>
<tr><td>本单位同事
（包括邻居与同乡）</td><td>38</td><td>15</td><td>39%</td><td>总数（包括亲属）</td><td>51</td></tr>
<tr><td>其中：本单位同乡</td><td>14</td><td>9</td><td>64%</td><td>国家干部</td><td>28</td></tr>
<tr><td>其中：邻居</td><td>24</td><td>6</td><td>25%</td><td>企事业员工</td><td>10</td></tr>
<tr><td>战友</td><td>45</td><td>10</td><td>22%</td><td>战友中的同乡</td><td>7</td></tr>
<tr><td>亲属</td><td>8</td><td>2</td><td>25%</td><td>商人</td><td>6</td></tr>
<tr><td>同学</td><td>1</td><td></td><td></td><td></td><td></td></tr>
<tr><td>同乡商人</td><td>5</td><td>2</td><td>40%</td><td></td><td></td></tr>
<tr><td>外单位同乡
（不包括同乡战友）</td><td>6</td><td>5</td><td>83%</td><td></td><td></td></tr>
</table>

该家庭保持来往的社会关系有 103 家，这些社会关系中关系密切的家庭有 34 家，约占总数的 33%。也就是说，此访谈人一家总的社会关系中有三分之一的家庭保持密切关系。同时，第 1 号访谈人的关系仍然以同乡为核心。

需要说明的是，这里所说的“有来往的社会关系”指当遇有婚丧嫁娶之事时必参与，而且注意答礼份额的一些社会关系。其实这个企业大部分维吾尔族职工的婚丧嫁娶之事该家庭一般都参与，可答礼份额是随大流，

① 此表数据两次近六个小时的访谈过程中，由被访者一家两口人回忆提供。

不去特别注意细节。2006 年前后，给一般的家庭答礼要在 20—30 元，不会超过 50 元。可对有来往的关系的人一般是 100 元左右，并以从前彼此的人情与互酬情况而定。在这个企业里有 3000 多个维吾尔族员工，可一般操办婚丧嫁娶者要请 200—300 人，而这个人数里包括他们在乌鲁木齐市区的人际关系，小一点的也在 100 人左右，访谈人大概估计了单位内一个人较宽泛的人际关系圈大概在 150 户，而能保持密切关系的也就是 30—40 户。在这里我们还得进一步给这个"密切关系"下定义："密切关系"的人的社会交往不仅指"婚丧嫁娶"时的答礼参与，而且彼此之间有来往密切的情感交流（包括互相帮助并及时掌握彼此的各种情况）。

第 1 号访谈人平时参加两个 kataqay（聚会），一个是以退休干部为主的（每次聚会每人都要出 50 元，一个月一次，轮流由这个 qay 内的人在家举办，主要的内容就是叙旧、娱乐），这个 qay 里共有 13 人，各地人都有。另一个聚会是以朋友为主的聚会。第 1 号访谈人的妻子则有三个聚会，其中两个是和邻居们一起办的（一个是老邻居们的，一个是新邻居们的，每人每次交 100 元，有时经济宽裕了也有答 200 元的礼金，也是每月一家轮着请，现在一般不愿在饭馆里请客，更愿在家里办筵席，筵席花费不超过 100 元，剩下的钱留给操办家庭自用），还有一个聚会就是访谈人的朋友之间的，朋友的这个聚会不用交钱，也不是定期的，过一时期一家一家轮着请。共有五个家庭，其中四家彼此之间是亲家关系，只有访谈人是"外人"，三家是喀什人，两家是阿图什人。第 1 号访谈人之所以能"打人"这个"qay"的人际圈主要是靠和另外一家阿图什人 M 某的关系，访谈人与 M 是战友且是最要好的朋友，M 先复员，访谈人到该企业还是 M 介绍的。

个案：

单位内同乡人之间的实际交往关系①

以下是近 20 年来，这个企业内围绕第 1 号访谈人发生在阿图什人之间的一些事，从中我们可以看出单位社会内同乡交往的一些情况。

借贷：2002 年第 1 号访谈人（下文简称 Y）贷款买了房子（为了少贷一点款，少一些利息，他四处借了一些钱），因为当时家里已没有积蓄了，

① 这个个案由第 1 号访谈人提供。

Y 某一家准备不装修就住进去，他的同乡好友 M 得知后，坚持让他装修，并给了 5000 元，说：“什么时候有钱什么时候再还”，至笔者调查，M 家后来办婚礼、自己两口子去沙特阿拉伯朝觐[①]，根本就没提过钱的事。

工作调动及生活中的互助行为：阿图什籍 A 女士 1990 年某技校毕业后被分到这个企业，在一个离生活区很远的车间工作，因住宿困难而找当时任房产科科长的 Y 某，Y 得知她是阿图什人后，不仅帮她解决了住宿问题，而且带着她找了当时任二分厂书记的 Z 某（阿图什人）帮助她调了工作。后来 A 女士结婚时，她的父母亲戚从阿图什来乌鲁木齐举办女儿的婚事，就住在 Y 家。Y 说自己就像是对待亲妹妹一样帮助她举行了婚礼，现在 A 女士见了外人就说 Y 是自己的“哥哥”，对她一个无依无靠的女子来说，Y 某这个同乡成了她的一个“好靠山”。

提携：Y 在部队任某连指导员时有意帮助了一个阿图什籍义务兵 T，入伍不久的 T 在部队菜园里表现得很能“吃苦”，在较短时间内入了党，以后逐步提拔为班长、排长……当时有一次 T 出了“作风”问题，在部队里影响很不好，Y 还是看在同乡人的份上在中间做了很多“工作”，“力保”T。后来 T 复员后（他比 Y 某复员得早）到了乌鲁木齐的这家企业，并在该企业服务公司当了领导。前几年企业效益不好，下岗分流了一部分人，这时 Y 的妻子也被分流了，由 T 安排到一个厕所去收费，并规定每月上交 700 元费用（当时该厂员工一天都不旷工，工作一个月才拿 500 多元工资）。Y 妻认为那个厕所根本挣不了那么多钱，不愿做那份工作，并觉得 T 不但没有“感恩戴德”，反而“恩将仇报”，且在关键时刻明显为难了 Y 妻。Y 一家对此非常不满。Y 后来还是通过 MT 的“关系”把妻子调到别的工作岗位上去了。近年在企业改制时，该企业服务公司也要改制并要换届选领导，这时 T 也就落选了。

乌鲁木齐六道湾煤矿阿图什人的地域认同情况[②]

六道湾煤矿有 30 多家阿图什人，他们多数是该煤矿的干部（当地有

---

① 其实他们在这两次事情中很需要用钱，也是有理由把钱要回的“时机”，可他们没那么做。

② 这个个案由第 29 号访谈人提供，祖籍阿图什松他克乡，六道湾煤矿工人家属，丈夫在她 35 岁时死于煤矿事故，没有工作，自己一人把六个孩子抚养大。

个济困医院其院长也是阿图什人)。这里阿图什人之间联系很紧密，有个一号竖井工作的阿图什人发起的 yurt cheyi（同乡聚会)，一般每个月举行一次，有 24 家参加，一次每家出 50 元，钱集中到轮办的家庭里，由该家庭置办宴席，置办家庭请几个参与家庭的女士共同帮忙准备宴席。该单位别的地方的人叫这些阿图什人时喜欢在名字后面加上“阿图什”，妇女也不例外，如“肉孜汗阿图什”“帕苔姆汗阿图什”。据访谈人讲这里的阿图什人穿着（阿图什人穿着大方得体，不盲目赶时髦，妇女也不会穿得很“露”)，精神气质都和别的地方的人有“相当”的区别（一眼就能看出是不是阿图什人)，待人接物、请客送礼、孩子的教育都与别地方的人不同。阿图什人比起别的地方的人最大的不同就是勤奋、坚强，从不为生活琐事而发愁或是怨天尤人，也很自信、有闯劲、敢于冒险。据访谈人 R 女士的儿子讲阿图什人是“新疆人的精华”。①

此外，如果矿区有什么婚丧嫁娶之事，大家就齐心协力共同为主办家庭出钱出力，帮助料理事前事后的所有事情，在这些活动中宴席的饭菜如“缺油少肉”，同乡人根本就不去为难主办人，很“自觉”地买回来或补齐，这些“好事”往往是事后被“发现”的人告诉“主办人”的，“主办人”知道这些事后会找机会“补”这份“人情”。但这种帮助也有不被别人知道的时候，他们也不是很在乎这些“得失”。平时他们彼此之间也是很照顾，尤其是孩子们在找工作时，他们都互相“帮过忙”。访谈人 R 女士在谈到此问题时，她和儿子一口气说了近十家子女的情况。另外，这里的阿图什人同附近厂矿及市区的阿图什人也来往，R 女士说，近来附近的煤炭建筑公司新调来了一个领导，他就到处打听六道湾有无可以交往（德高望重）的阿图什人，这个人一调到这里就想和这个区域的阿图什人建立联系。

访谈时 R 女士 63 岁，17 岁时就来到乌鲁木齐。在谈到阿图什人给彼此的帮助时，她说因丈夫死于煤矿事故，自己 35 岁就开始守寡，又没有工作，为了抚养六个孩子长大，吃尽苦头，她也在不同的厂矿的电影院门口卖过葵花籽。现在三个孩子已经成家立业，其余三个孩子也有了工作，老五上了中专，最小的女儿还上了大学。R 女士说不管是孩子办喜事还是上

---

① 他这么说主要是指历史上的新文化运动与当前阿图什人在新疆、维吾尔族社会的经济、文化领域中所发挥的作用。

学都得到过很多同乡人的多次帮助，尤其是孩子办喜事时，同乡们为了让她家能体面（不能丢了阿图什人的面子），宴席上的很多食物（馕、糖、瓜果）和必需品都是由同乡人免费提供的。等这些人家要办喜事等宴请活动时，R女士要还这些“人情债”时，这些人都不愿让她过度“破费”。另外，R女士孩子上大学交学费、住宿费时都得到了同乡人的帮助。R女士还说，当地的单位医院现改成济困医院，其院长是阿图什人，也有几个医师是阿图什人，有一次她在家里突然“晕倒”，幸好有邻居叫来医生，当时院长亲自跑过来忙前忙后，并帮她转到一家大医院，还陪床陪了一天，她也很感动，平时她们之间其实不怎么来往，就是因为是同乡关系。她去医院，那些人也对她很尊重（一个是因为R女士年龄大，另一个是大家都可怜她的处境并佩服她把六个孩子抚养大）。

R女士还说平时阿图什人见面打招呼很随意，没有过多的客套，但是如果知道谁家有了困难，大家会齐心协力、真心、诚恳地去帮助。“这是阿图什人的一大特点”，还有就是为了在外乡人前保住同乡人的“面子”，阿图什人如果有什么事内部及时解决，尽量不会让“自己的家丑外扬”，以保持阿图什人在外的声誉。有一次一个上阿图什乡的人“落难”（好像是丢失了钱财）到了六道湾煤矿，打听有没有阿图什人，于是这里的阿图什人竟毫不声张地各自凑份子，帮助那人回了老家。

笔者在访谈中得知，所有这些同乡关系，只是维系在第一代“移民”身上，而第二代20—40岁的人虽然对阿图什人及同乡人有很强的认同感，但他们的社会关系基本不在同乡人的范围内。因为父母的关系，第二代孩子们见了面虽然彼此感觉很亲，但基本上不是有意识地来往。45岁以上，即20世纪五六十年代出生在乌鲁木齐的第二代阿图什人在情感上开始有回归意识，笔者在上文访谈的Y某，在乌鲁木齐市水磨沟区很多职能部门曾获得过这些部门里就职的阿图什籍第二代“移民”干部的支持。可能人们到了一定的年龄就会产生“回归意识”，这是笔者在两个“单位”社区阿图什人中调查得出的结论。

第五章　知识分子、高校大学生、干部当中的地域认同

第一节　知识分子当中的地域认同

一、什么样的人受尊重

阿图什人最为尊重的人就是有知识的人，在谈论知识分子地域认同问题前，笔者觉得有必要把阿图什人这一观念体系交代清楚。

阿图什人当中地位最高的就是“知识分子”，阿图什人不崇拜“有钱人”与“有权人”，这是阿图什人“集体性格”最为鲜明的特征。在他们的观念里知识分为两种，一是科学知识，一是宗教学识。除此之外，他们还尊重对家乡做过好事、有过贡献的人，对一般的有权干部或是有钱人他们不怎么看重。

（一）有钱人、有权人不被推崇

虽然，外界认为阿图什人善于经商，且有钱人也很多，但有钱人并不被大众所“推崇”。对此，第40号访谈人（著名的编导，乌鲁木齐市文艺部门工作的阿图什人）给笔者讲了一个非常形象的例子：再怎么有钱的人也会被某些阿图什人称为“××khelede”，即××乞丐。

当笔者访谈时问到领导干部是否最受尊重，大部分访谈人都提到阿图什人与别的地区最大的不同点就是把干部的身份看得很低，第40号访谈人给笔者提供了几个个案：

第一次在阿图什举办大型文艺活动“游阿图什”时，自治区去了很多级别较高的领导干部，当地的领导特意在一家农民承包的无花果果园里，为这些领导以及在乌鲁木齐工作的阿图什籍各阶层人士举办了一场麦西来甫，可正当麦西来甫举行到高潮之际，突然有一把破椅子被扔进活动场地正中，接着这个无花果果园的园丁就破口大骂，并让所有在场的人立即离开这个果园。大家于是很“震惊”，那些领导一时也很“没有面子”。原来果园被很多随同来看热闹的孩子糟蹋得不成样了，不忍心看到此情形的园丁根本没有给这些“大人物”“台阶下”。这时访谈人为了缓和这种尴尬的场面，想“挺身而出”对这园丁说些“制止”的话，可被一位朋友（一个有名的诗人）拦住，并悄悄地对访谈人说：“不要管，这是阿图什农民特有的风度。”

另外，第40号访谈人提到有一次阿图什市举行了一次“农民表彰大会”，与会代表们要一起拍照留念，拍照场地最前排放了一排椅子，其正中位置是专为市长“预留的”，可当时有一农民坐到正中这个位置不起来。这时可把安排会议的人紧张坏了，有人过去“劝”他起来，那农民不愿“妥协”，还说：“市长坐这，我坐哪儿?”弄得大家都比较“尴尬”。阿图什人不阿谀奉承人，对待人时，有权或没权没有区别（关于这一点，笔者深有感触，笔者爱人的舅舅20世纪80年代初担任过阿图什县的副县长，可笔者2001年去他家的时候根本没有“看到”他任过“官”的痕迹。笔者当时感觉他就和当地普通的农民没什么区别，只是在最近笔者开始撰写论文时亲属们才告诉他以前的身份）。

（二）阿图什“知识分子”眼中的“另类”作家

作家Y某是一个爱憎分明的人，他不畏传统势力，敢于对社会上的“不良现象、事件”不留情面地展开尖锐的批评。所以很多包括“圈内”的人士对他都是不敢冒犯，敬而远之。此外还有一个事件对Y某在人们当中的声誉有损。近几年来，他与一个受过系统文学知识熏陶并不断向当代欧美思想家、哲人学习“看齐”的“很具潜力”的青年作家P某（也是阿图什人）之间产生了“冲突”。P某认为“这些人不懂得什么是真正的文学，不懂那些诺贝尔文学奖获得者在思考什么、表达什么”。笔者访谈的很多阿图什籍知识分子都表示对P某的同情，而认为Y某善于左右社会人士与宗教界人士的舆论。

（三）阿图什人备感自豪的学者：阿布都许库尔·穆罕默德·伊明

英年早逝的阿布都许库尔教授任教于新疆大学中文系，曾是西北大学20世纪50年代的研究生，祖籍阿图什买谢特人，在世时一直“默默无闻”，去世后出版了很多著作，被誉为维吾尔族的哲学家。很多阿图什人认为他是维吾尔族历史上能和穆罕默德·喀什葛里、玉素甫·哈斯·哈吉甫等学者相媲美的学者。他的去世被认为是当代维吾尔族学术史上的重大损失。

二、研究者视角中有关维吾尔族知识分子的“社会话语”

维吾尔族的知识分子是一个非常特殊的阶层，纯“学术人”也好，“文学创造者”也好，都在承担着一种“知识人”的角色（笔者在这里引用的“知识人”的概念是指“创造”与“传递”各种知识的人），文学创造者多了一层“任务”，即要通过文学作品传递知识信息，而不是纯文学（纯文学创作人的影响力仅能限于文学圈），学术研究者如果不借助文学创作，其一生也就默默无闻。因此，知识分子努力使自己具有“双重身份”——作家和知识人。笔者无力在此对这种现象形成的本质做进一步分析（笔者也无心涉及当前维吾尔族知识分子当中关于界定什么样的人是“知识人”或“知识分子”的“争论”）。

因笔者是从文化与社会的角度审视维吾尔族的知识分子问题，所以在此指的知识分子并不是严格意义上创造知识的“人士”，而是指上述这种“双重身份”者。

基于上述“原因”，在维吾尔族知识分子与群众中，最有影响力的不是纯学术型的学者，而是“兼营”文学创作的人，而这些文学作品除成型的著作之外，一些小型的带有杂文性质的作品往往同学术论文在概念上相混淆，都被叫作“makhale”（论文），而严格意义上的文艺作品应被称作“edibiy eser”，所以很多作家充当了知识人的角色，不管其作品是不是有严格的学术意义（很多作品都是在文学修辞与严格学术之间）。但在民众当中这些文学家是以“学者”“知识人”“思想家”来认知的。在当代最受民众欢迎的作品是带有民族自觉性质的作品和历史小说。维吾尔族民众近年来非常关注自己的历史命运，因此历史体裁的小说经久不衰，很畅销。其次就是有关剖析维吾尔族族性弱点——“劣根性”的文章曾有一个时期也很受欢迎，这些畅销作品的“共同点”就是始终在寻找“我是谁”“我应该是谁”，即“自我认同”的答案。这是笔者通过这次调查认识到的维吾尔族知识界大的“历史背景”。

三、阿图什籍知识分子担当的“使命”

基于上述这种“历史背景”，知识分子表达在同乡认同上的态度比较暧昧。一方面，一些知识分子著文激烈地批评维吾尔族社会的“yurtwazlikh”（地方主义）这一社会现象，yurtwazlikh 这个词的“贬义”意味更加增强；但另一方面，很多知识分子在民族认同与同乡认同之间徘徊。总体倾向上阿图什籍的知识分子多数的同乡认同情感仍占主流。笔者在调查实践中发现了这样一种“奇特”的现象：一些著文强烈批评“地方主义”的人，在现实生活中同乡认同还依然强烈，可以说“非常”依赖同乡网络，其中也有一些不是阿图什籍的知识分子，同样与自己所属的同乡群体依赖强烈。

笔者认为阿图什籍的知识分子在建构“地域认同”的“地方性知识传递”活动中“功不可没”。维吾尔语里表达知识分子增强地域认同时用的词汇很形象，“yurtni yurutux”直译即“为家乡增光”。阿图什籍的知识分子为了给“家乡增光”，写了很多的文章与著作，这些著作较有影响力的有：《阿图什》《苏图克·布格拉汗》《侯赛尼亚精神与塔克拉玛干苏醒》《赛福鼎回忆录》《布格拉汗世系》《穆沙巴耶夫兄弟》《买买提里先生》《野火》（旷野里的篝火），《维吾尔现代教育的摇篮——上阿图什》《阿湖与阿湖人》《有关 hanoy 的思考》《关于 tehtiyum》① 以及《塔夏洪和他的后裔》《火炬》等一系列学术著作、文学作品与论文。

这些作品与文章对阿图什的关注，说明作者们在挖掘、搜集、整理与保存有关阿图什的历史、人文、地理等诸多方面的知识系统——“地方性

① 阿布都热依木·阿西木：《阿图什》，喀什维吾尔文出版社 2005 年版。

知识”方面做了大量艰辛的工作，这些知识系统同时对于普通大众起到一种增强地域认同意识的作用。另外，这也表明这些知识分子强烈的地域认同意识。某种层面上知识分子针对的人群除本地域之外，还有其他地域的人群，阿图什籍的知识分子传递了“我们”——阿图什人是什么样的人、我们的地域是什么样的地域等“信息”，通过这些信息不仅强化阿图什人地域认同的“边界”，更能提高阿图什人在其他地域人心目中的地位，寻找一种地域自豪感，并努力营造这种自豪感。为什么会出现这样一种社会现象呢？笔者认为，这与维吾尔族当前的社会心理有一定的关系，近年来随着维吾尔族“自我认同”意识的增强，“社会理想”“政治报复”与历史现状之间出现了很大的冲突，这是一个笔者很难表达清楚的“历史现状与社会心理”，这种状况导致很多人潜意识里形成努力寻求“祖先光辉历史”的特殊心理。其中“我”是什么样人的后代，成了一种满足“失落感”的一种“精神食粮”，这种“根源”同样也导致一部分如阿图什这样有“灿烂”历史人文底蕴的人对自己家乡的热爱与认同。

在一些家乡事务中，这些知识分子“义不容辞”地积极承担属于自己“分内的责任”，如 1985 年、1995 年、2005 年在上阿图什举办的维吾尔现代教育诞辰 100、110、120 周年庆典活动中，知识分子们不仅积极参与此活动，而且还编辑了专门介绍为维吾尔族现当代教育发展事业做出杰出贡献的人物的杂志《火炬》。还有如在维吾尔族著名的学者阿布都许库尔教授（阿图什买谢特人）去世时，作家艾合塔目吾买尔（此人的妻子是阿图什人，被阿图什人称为“我们的女婿”）、作家牙力坤肉孜专门在报纸上发表挽词，弘扬阿布都许库尔教授的感人事迹与贡献。2005 年 10 月，牙力坤肉孜为著名的民间人士买买提哈尔滨阿吉写了挽词，在葬礼上传发。

同乡人聚会中有名的知识分子经常会被请来，在这样的聚会当中知识分子也在不断地传递着阿图什的历史和人文知识，这是一般老百姓对自己故乡久远的过去了解的一个重要信息来源。

总之，笔者认为阿图什籍的知识分子在弘扬阿图什的“地方性知识”上做了很多“工作”，他们的这些著作在增强阿图什人的自我认同、地域认同等方面起了一定的积极作用。

虽然“同乡会”在高校被禁止，但高校仍是同乡群体活动较为频繁的场所，大学生当中各地“老乡会”的活动，时间大都集中在新生入校、毕业生离校、新年和民族、地域特有节假日期间；往往是以“送老迎新”的名义开展，对新生来说可以起到熟悉校内外各种自然、人文环境（怎么处理学生日常遇到的问题，包括今后会遇到什么样的教师，怎么处理这些关系等），对“老生”来说除向新生“授道解惑”之外，更为以后积累更多的社会人文资源而奠定基础，另外就是体面地离开母校（“送老迎新”是社会文化的结构，如果这种“结构”没有在某个同学身上体现，那他就会产生被排挤遗弃的感觉）。这些同乡群体当中，一部分关系是原有地域关系复制的（同学、亲属、同校、同村等）“原生关系”，一部分是以某些学生为核心建立的新关系。这些“核心学生”要么是来自以该地域中某一中心区域（如行政中心），要么来自地位显赫的家庭、成就非常突出（在学业、体育等方面为本地域带来荣耀者）、很有组织活动能力者，或是“打架”厉害者（保护本群体不受欺）。活动形式目前仿效成人社会的社交礼仪在饭馆置办酒席，喝酒、吃饭、跳舞、聊天，即便是在校内找到合适的场地，其形式也基本如此。高校内同乡会活动的“组织权”通常是一届一届地往下传递，如1990级传给1991级，往往是大二的学生承担接待新生的组织任务，而大三的学生则承担欢送毕业生的任务。

同乡聚会时，有时同乡的老师也会被请来参加聚会，但新疆的高校里这种情况比较少见，内地的部分民族院校学生在办同乡聚会时会宴请同乡的老师参加。

大学生通过同乡聚会，在步入社会前学会进一步适应社会的一些技巧，并为建立社会关系网络奠定一定的基础。

第二节　大学生的地域认同观

一、同乡大学生当中获得尊重的人

有三种人在阿图什籍学生当中受到尊重：学习成绩突出、某项体育运动优秀（尤其是足球）、学生当中的“老大”（摆平学生之间各种纠纷者）。

在大学生当中学习成绩出类拔萃，并且其成绩引起全校关注的人，这样的学生会获得普遍的尊重（在某种层面上这样的学生给同乡人带来了荣誉）。

新疆医科大学有一个叫艾力的学生备受阿图什学生们的尊重，因为他参加英语托福考试考过了，别的同学给他送了个绰号叫“艾力托福”，他的名声也传到了别的学校。因为阿图什大学生当中外语成绩佼佼者不多，尤其是过了托福考试的人，所以很多学生都很崇拜他。他也在阿图什同学老乡会上，多次发言劝说“老乡们”要争气、好好学习。他的话在同乡学生当中很有感染力，而且他也成为阿图什学生引以为自豪的根据。

在新疆师范大学大学生足球队当中，阿图什籍的学生多，并且球技很好，该大学的阿图什籍学生最引以为自豪的就是这些人，当然这几个球技好的同学是有其背景的，他们在阿图什就是少年足球学校（由一个叫牙生阿吉的商人出资开办的学校，开办六年后由于牙生阿吉在吉尔吉斯的生意毁于大火而停办）的学生。这种情况在别的大学里也同样存在。由于历史上阿图什在新疆地区最早引入足球运动，所以阿图什籍的学生普遍有一种足球要踢好的自我定位与自我认同，所以很多同学从中学时就热衷于此项运动。

访谈中笔者注意到学生当中有威信的“小头人”把持着同乡学生的事务，有一个明晰的地位确立过程，此间因渗透着很多认同意识，所以笔者认为有必要把它带入我们的研究视野。

二、大学生回到社会后

读博士研究生期间与笔者同宿舍的 M 某（1997 年毕业于上海纺织大学）谈论大学生当中的地域认同问题时，他说当时在上海四年的大学生活当中，同乡意识很淡，基本不考虑同学之间的地域属性（笔者认为之所以产生这种情况，主要是因为内地部分高校因为维吾尔族学生数量少，一个学校里一个地区来的同乡学生最多一两个人，他们形不成“地缘群体”，所以地域认同观念会淡化）。可当他们毕业回到新疆乌鲁木齐工作时，每一个地缘群体都会把“自己人”往各自的群体里拉拢，而每个地缘群体对不同的地域已形成了一些固定的“偏见”，这些“偏见”因“听到”别的群体对自己的种种评价而会“重塑”新毕业生的地域认同感，在内地大学里已经淡漠了的地域观念以及由此形成的区分“你”与“我”的“边界”意识会增强，以致逐渐影响到同学关系——彼此见面不那么自然和舒心。

个案：[1]

新疆高校阿图什人的同乡会活动

——以新疆师范大学、新疆医科大学为例

新疆师范大学从2003年开始有了新校区，新生入校都在新校区先上预科班，然后部分回到校本部，所以“接力棒”式的同乡会活动也就没有得到延续。据访谈学生介绍：新生入校后不久，同村（阿图什翁艾日克村）但不同年级、不同学校的阿图什学生就举行了迎新仪式。在学校举办的诺茹孜[2]活动中，有人播放了atuxpedisi（阿图什音乐），所有的阿图什学生都情不自禁地跳舞。这时很多以前不太认识的“老乡们”借此不仅更加熟悉而且亲密了。

新疆医科大学一贯延续着“接力棒”式的送老迎新活动，大二的学生组织迎接新生，大四的学生[3]组织欢送毕业生的活动。医科大学还有大学生自发组织的各地的球队，这些球队往往以各地域最具特色的文化标签取名，如库车籍学生组建的kusen 龟兹足球队，阿图什籍学生玉骞尼亚球队，大学生在自发地与不同地域学生组建的球队之间举行比赛，这种比赛一年可以轮一回。[4]

第三节 领导干部阶层的地域认同

个案一：

自治区××厅退休干部A某，上阿图什人，是乌鲁木齐阿图什人当中最有威望的人之一，被公认为是乌鲁木齐阿图什人同乡活动的“总统帅”，笔者初次听说此人是在一个葬礼仪式上，介绍此人的是某高校国际交流部负责人G，他也是上阿图什人，是一个年轻有为，非常能干的人。据他说A某负责所有阿图什人的事务，他如“beshqoldek”般（就如同知道自己的五个手指一样）清楚地知道乌鲁木齐哪个角落tushukte（直译是窟窿）

---

① 个案资料由第44、第45、第46号访谈人提供，他们均为在校大学生。

② 突厥语族诸民族的春节。

③ 新疆的大学一般多上一年的预科。

④ 笔者认为这种比赛会增强彼此的地域认同感。

有哪个阿图什人，G 某又说，A 某组织过多次同乡人的募捐活动，G 自己参与过一个在科技馆举行的募捐活动，该募捐活动是为上阿图什乡防渗渠工程募捐。G 强调说笔者如果找 A 访谈，想了解的方面都能“迎刃而解”。A 退休后因其威望被某个阿图什有名望的企业聘用为一个部门的负责人。笔者听到此后，喜出望外，因这正是笔者苦苦寻找的“核心人物”。可与此人预约访谈成了一个艰难的“历程”，真是难住了笔者。经过近十次的联系，终于有一天他愿接见笔者，如下是与他的访谈内容。

当笔者问到他对乌鲁木齐的阿图什同乡的所作所为有什么看法时，他说：

以前没有退休时，他有能力做这些事情，当时他组织募捐资金数目还大一点，七八万元到十万元的数目也有过几次，可现在退休了，募捐就没有多少钱。其实现在我们对家乡阿图什想做些事，可家乡人却不怎么“看重”我们。就最近喀什地区的好几个县都请我去到一些中学开讲座，可阿图什的中学就没有请过。别人不请，我们也不能厚着脸皮要求别人请我们讲。[1] 就在谈话期间，此退休干部所受聘公司总裁的父亲×××（在一次访谈中有人推荐过此人，说他和他的儿子在乌鲁木齐的阿图什商人当中享有名望，父子俩都想促成一个“阿图什商人联合会”）也在一旁听了一会儿我们的谈话，后来外面有人办理业务把他给叫走了。谈话正在进行时，来了一个人，被介绍是现任柯尔克孜族自治州的“高级干部”。此人说他是从北京开会回来，是当天早上下的飞机，一下飞机就有一个商人把他接到一个在乌鲁木齐市的阿图什的葬礼上，他是参加完葬礼再到这儿的。A 某就说自己也才从葬礼上回来，怎么没有见到他？那人就问 A 为什么最近不去阿图什了，A 就开玩笑地说：“你们又不请我去。”

A 继续说：近代的阿图什人首先抓的是教育，然后是商业，最后是体育。所以老百姓的素质也高，在阿图什宗教势力也不和学校“争”青年人，人们更希望孩子受到现代教育。阿图什的儿童入学率高，巩固率也高。在阿图什当老师难，在阿图什当领导干部也难。如果稍不注意就会“管不住人”。因为老百姓头脑开放、见过世面、素质高，遇事爱问个“为什么”。一次在一个大聚会上，自治区领导玉素埔艾沙说：“在做生意方面

① 他在暗示对笔者的不信任。

全世界人应向犹太人学习，全中国人应向温州人学习，全新疆人应向阿图什人学习。”阿图什人不喜欢“爱夸口”的人，也不喜欢话多的人，他们在一起不喜欢闲聊或是说长道短，喜欢交流各种有益信息。这和别的地方的人非常明显的区别，不过一部分人近来也受到了影响，但留过学、受过高等教育的人还是不一样。阿图什的教育虽然发展了，但 serkerde（精英人物、统帅级的人）减少了，阿图什人的一大特色是给客人“mihmandin tuge ayimaydu，sodide bir tiyin bermeydu”（不惜宰杀自己的骆驼待客，而在生意上不让一分钱），阿图什人有勇于探索、敢闯敢干的精神，你也是厉害人[①]，我们有一个俗语：“如果有阿瓦提的面，阿图什的姑娘，做出来的拉条子才能香。”就是说阿图什姑娘很会持家。如和田人赶集，一家老小都要去，把自家能卖钱的鸡呀、鸡蛋呀什么的卖了钱后，在街上“饱餐一顿”后才回家。可阿图什人不一样，他们赶集就是为了生活必需品，做了交易后回家吃饭，这样才能维持一个家庭和谐。我们阿图什没有乞讨的人，认为丢面子，vijdan kutermeydu（良心不允许）。我们不喜欢懒惰的人，可现在部分阿图什人也“染上”了这种病，阿图什人虽然注重教育、商业、体育等事业，但没人思考要把这种精神传播到全疆。我们当中最严重的事是“yurtwazliq”（地方主义），我们阿图什人有好多人都在重要部门，我上次做过统计，阿图什人有 180 多个教授、研究员、总工程师等级别的人物，这是一股很大的社会力量，但他们就没有发挥他们的作用，也有好多博士、博士后，但我们的阿图什本地人，从不请他们过去说几句话[②]，利用他们的知识为家乡造福。此时，有一人进来插话：“你们服务真周到，把货都送到家了。”A 就回敬说：“我们要超前于你们才行呀，本来我们就有商业意识。”来人说：“这已渗入你们血液。”乌鲁木齐某家医院里有一个从国外留学回来的阿图什籍医学专家，回乡探亲回来后对我说：“我还期盼着家乡人请我去讲一讲医学方面的知识，可没有一人邀请。吃了亲朋好友的十几只羊[③]，待了 20 天就回来了。”你也知道，读个博士也并不容易，学好了才能读，学不好拿不到学位。像他那样拿了博士学位的有二十来个阿图什人，他们各有专长，有学牙科的，有学化学的，有学心

---

① 这里访谈人指笔者“不简单”，因笔者爱人故乡是阿图什，而阿图什人不轻易外嫁姑娘。

② 意思是请他们为家乡“出力”。

③ 维吾尔族习惯给贵客宰羊。

脏病学的，把他们都组织起来发挥他们的作用，这样的工作没有做好，林木学、建筑学、交通、环境、物理各个领域都有人才，如果能请他们过去开讲座，一个是能普及知识，另一个是能教育人，三是能引导人。喀什师范学院有好多阿图什籍的教授、副教授，我多次给他们提议，让他们请这些人开讲座，可他们就没有这么做过。这都说明，人才不是没有，但管理人才的结构不合理，我干××工作14年，关于我的工作方面的知识我可以讲四五个小时，喀什、岳普湖、英吉沙请我去讲了多次，而阿图什是我主动要去讲时才请我去的。我们用人才是有问题的，因为，如果博士毕业说错一句话，就会以“这个人不行”的名义把他否定。我在××部门14年，因为我把持得好，没有歪门邪道，因而也没有出问题。我退下来后，我的那个位子已换了四个人。总的来说，我们有人才，如何发现人才，如何用人才，非常关键。我们少数民族地区有人才，不去发现这些人才，请来的人才，不是本地人才（心不在这），他们过几天都会走，拿上博士学位后就走北京、上海了，而本地人才能去哪儿？因此，问题的重点应放在这儿，因为他们不会去哈萨克斯坦或是巴基斯坦，说是有“hisiyat”（情感），但如果没有“情感”的民族就不能算是一个民族，没有“感情、情绪”的人会爱民族、人民、家乡吗？不爱家乡的人怎会爱民族，不爱民族的人怎会爱人民？爱国家？全都是空话！最重要的是不能没有情感，如果一味地把它和“情绪”联系起来是不对的，没有一点民族情感、民族自尊的民族怎能称为一个民族呢？因为不爱自己民族的人怎能爱别的民族呢？应该分析和正视这个问题，不能把他们一概都作为分裂主义来划分！要清楚他的感情是什么样的感情，是为谁服务的，如果一个人的人格上没有一点感情怎么能称为人呢？重要的是发现人才和发挥人才的实际才能。

当笔者问到您为家乡做过什么事时，他说：

我给在阿图什举办的“纪念新疆现代教育创建100周年庆典”组织募捐10余万元，为110周年庆典募捐7万元，为120周年庆典募捐了6万元，人们都应做些事（为家乡等），但有些人只说空话，不办实事。有一个伊犁来的寡妇，为了孩子上学被人“要了”两万元，事没有办成，她来找我，我就找了相关的人，就说如果你是男人就拿男人的钱不要为难寡妇，我把那两万元给那妇女要了回来。

这时有人来“插话”（先前的那个克孜勒苏柯尔克孜自治州“官员”），A给那人介绍了我的来意后，那人提到玉苏埔艾沙在美拉斯公司成立三周年大会上关于阿图什的评价后，当时在场的某人给玉苏埔艾沙说，你为什么不在领导岗位的时候这样说？那“官员”强调说，其实他说过，而且说得也早。有一年阿图什发生地震，他去慰问时说过这样的话，我是一个“容易说错话的人，别人很喜欢揪住我的话柄，我给政府有关人士说过，与其费心花钱培养乡镇企业的干部，还不如全新疆每个乡上放一个阿图什人，这样不仅可以节省培养经费，而且他们还能为人民为政府挣钱”。那人又说：“我是昨晚从香港学习回来的，学习了21天，下飞机后进城的路上司机跟我说memetruzikam去世了，要举行葬礼，我参加他的葬礼了。葬礼上发了他的简历，上面写的是1945年参加工作的，祖籍阿图什，生于伊犁，新中国成立后当过haba县的县长。”A某说：“那简历上写错了，他自己曾给我说他7岁时离开阿图什到的伊犁，他是一个有骨气的人。”

这时那位“官员”谦逊地给笔者说，这时（指A某）我小时候的老师，我小时候调皮他也管不住我。正说这些时，打来了一个电话把这个“官员”叫走了，A某和笔者去门口送他，送完那“官员”，A某就转身也给笔者说再见，笔者的访谈还没有“尽兴”，但笔者又不敢提过多的要求，就带着遗憾离开了。

个案二：

第55号访谈人（阿图什人，自由作家，现在北京某高校攻读硕士研究生）：大学毕业后在一个文化部门工作，正好这个部门里的关键岗位有同乡人，不久他就很自然地为这个部门里的同乡群体所“拉拢”，同乡群体同时为他安排了晋升“蓝图”。访谈人是一个“书生气”很浓的人，他一心想走学术之路，没有按同乡群体的“蓝图”行事。访谈人接受笔者访谈时，他已经和这个部门脱离了关系，是一个有影响力的自由作家。

个案三：

第3号访谈人长期在一个企业里主持一个分厂的领导工作，现已退休多年，此人是阿图什松他克乡瓦克瓦克村人。当笔者问到他在领导岗位时有没有给同乡人提供过帮助？这个问题好像引起了老人很多的“回忆”，话题的核心是如何在群众中公平处事、如何真心地帮助群众、如何正确处理纷繁复杂的人际关系，才能赢得群众的信任和爱戴。谈话间，老一代人的作风与人格魅力洋溢于谈话中。

没有哪个干部能够完全摆脱给自己的“裙带关系”提供方便、开绿灯的事，为了验证此事你可以早上八点到各个办婚丧嫁娶的场所去看一看，如是喀什人举办的，在乌鲁木齐的喀什籍的德高望重、有权有势的“murtuwerler”（上层人士）肯定会按时到场，如果换为阿图什人举办的仪式也会一样。对于“我”来说同乡人格外亲切，同乡人有什么事情，在我职权范围内的我尽力帮助，也提拔、培养过同乡的人。现在××公安分局的局长S某1958年大跃进时期是从阿图什逃出来到了博乐，有一年负责把食品公司的羊从博乐送到乌鲁木齐市冷库屠宰场。当时我负责厂里的基建工作，我就把他招聘为建筑工人，他在建筑工地、砖窑都工作过。他有一定的文化水平，有一段时间我们厂医院建设因困难时期而停工，为了保护工地的材料，我把他安排到保卫工作上，后来我们区的派出所要人，我又把他（一个普通的工人）推荐到了派出所当警察。1965年他的婚姻都是我做主操办的。其实我和他也没有任何亲属关系，以前也不认识，仅仅是因同乡关系而帮助他的。不管是库车人、喀什人还是伊犁人，都没有“反过我”，还把我选成了群众组织的负责人，我当时是正科级干部，厂党委办公室副主任，我就总结出一点认识：只要你公正、公平，群众在任何时候都会拥护你。

笔者问：“您同一些同乡高级干部保持来往吗？”访谈者回答：

省级干部memetsiyitkam是我的小学老师，他是上阿图什人，在硝尔鲁克、瓦克瓦克都工作过，1952年在阿图什入党后调走的，我和他一直都有来往，还有就是自治区一些负责工业的同乡副主席包括托合提沙比尔我也有来往，我家一旦有婚丧嫁娶之事都会请他们来参加，还有一些包括自治区党校在内的一些级别较高的同乡我都保持来往。

个案四：

第4号访谈人是阿图什硝尔鲁克人，曾经长期是××厅人事部门的负责人，他说在20世纪50年代他把五六十名同乡人从家乡带出来，大部分在乌鲁木齐安排了工作。引荐人说，其实他一辈子“帮助”过的人很多，现在各地区的“乡老及德高望重者”到乌鲁木齐没有一次不去探望他的。

个案五：

第40号访谈人是一个文艺部门的负责人，有一次他们单位的一部文艺作品集由出版部门赶时间出版，可有一道关键的审批手续还没有办妥，访谈人于是和一个乌鲁木齐朋友①准备想尽一切办法在这一天要把手续办妥，他当时心里已打算使出浑身解数向那个审批部门办事的人“哀求”，可当到了那个部门他十分谦恭地说明来意后，那个办事的人很亲切地说：“大哥，您用不着这么客气，我和您是同乡，您是我们阿图什的名人……”一听到此，访谈人一下就“来劲了”，他态度大变，一下以命令的口气说：“你是同乡是吧，我这个事特急，你就批了，我以同乡的名义向你保证，这个出版物不会有任何问题……”于是访谈人很快就把非常难的审批手续一下就办了出来（有时这种审批会拖几个月），同去的那个乌鲁木齐朋友对此惊叹不已，以后逢人就说阿图什人真是“厉害”之类的话……

笔者在此的关注点主要是在职或退休的厅局级以上干部，因为笔者假设他们在同乡群体中具有较高的影响（笔者访谈除一名在职厅级干部外，其余都是退休干部），退休干部有更多的“精力”与“情感”来关注自己同乡群体的活动。同时在建构同乡认同中起到了一定的作用，这种认同建构作用除他们仍具有一定的社会影响及由此而“掌控”的社会资源外，也有象征层面，即同乡人在异乡人面前自豪的资本：我们的家乡出过某某级别的人……

有关领导阶层的人的聚会，是一个敏感的话题，尤其是正在“当权”的人，笔者访谈时访谈人都有意识地回避这个问题，但笔者大体也摸出了一些规律，在乌鲁木齐只要是阿图什人的聚会，高级领导干部（尤其是退休的且在位时为家乡人做过一些事的人）一般都会被邀请，但如果与领导干部同村落的人办的聚会那是必定要参加的，而且办事者也必定会邀请，对双方都是一种“荣誉”，举办者认为自己请到了某某领导，而某某领导会认为自己在同乡人中还是“有地位、被认可”的。领导干部在参加婚礼及阿图什籍的个别企业举办周年庆典、产品发布会等活动时，也因“捧场”而聚到一起。

① 祖籍不详，但不是阿图什人的后裔。

第六章　文艺界的同乡认同

20 世纪 80 年代以来，在阿图什举办有“游阿图什”“阿图什麦西来甫”“阿图什的诺茹孜”三个大型文艺活动。虽然这三个活动举办地都是在阿图什，但每次活动都带动了其他地域阿图什人的参与，外地的阿图什人不仅情感上给予这些活动以热烈的支持，而且还积极募捐、积极参与。这其中以在乌鲁木齐的阿图什籍文艺界人士最为典型，是他们促成了这些活动能以“一流”的水平展现给新疆其他地域的人们。参与这些活动的有一些新疆文艺界的“大腕”级人物，而且这些人物大多都是阿图什籍的，其中有著名的舞蹈家库尔西热介埔（kvrex rejep），著名作词家、诗人 muhtarbughra，著名小品编导阿布力克木凯里昆，著名的编导库尔班江教授等。这些人不仅参与这些活动，而且还积极投入操办事务中，这是这些文艺演出之所以在新疆办出一流水平的一些外因。当然也有内因：这就是当时组织“游阿图什”活动的人都达成一致的意见（并坚持把握这个原则），即在这个活动中要展现阿图什本地的传统，而不是文艺工作者的创新，这些本地传统都是在民间历经千百年的传承，是备受民众欢迎的民间歌舞。这些歌舞给异域的人一种全新的感觉，加上这些歌舞都是经历上千年民间锤炼的“精品”，所以受到了异地人的好评与欢迎。

第一节　“游阿图什”活动所引发的地域认同

“游阿图什”在全疆民众中的反响很大，很受欢迎，也是阿图什举办的第一次大型（影响全疆的）文艺演出。经济方面，在“游阿图什”文艺演出中主要由人们收集资金，从全疆的阿图什人那里募捐，当时主持者调动全阿图什的所有工作者、学生、社会各界人士进行募捐，据说当时募捐到了50多万元。这些资金基本上是靠民间途径筹集的。为了筹款，形成专门的募集负责人，奔赴全疆各地，重点在喀什、乌鲁木齐、阿勒泰、塔城、伊犁等城市进行募捐，每到一个城市，就由该城市“有头面”的阿图什人召集当地的阿图什人开募捐会。

个案：

著名小品编导阿布力克木凯里昆（当时积极主办者之一，下文简称K某）说：

有一个叫奈苏拉卡目的人负责喀什等地募捐，把各地有影响的阿图什人召集到一起，后来他们组织了几个人到乌鲁木齐来募捐，在乌鲁木齐市召开了一个大型聚会，召集了所有的阿图什人。当说明要在阿图什举办一次大型的文艺活动后，人们纷纷捐款；后来他们去了博乐市，结果也是相同的。当时这个活动用了四五十万元，其实阿图什地方政府也能出这些钱，我们主要是为唤起大家对故乡的热爱而去了全疆各地，没有要政府的一分钱。阿图什人民当时全都调动起来，学校的老师和学生、企业事业单位的工作人员都参加了募捐活动，

一提到在阿图什举办的文艺活动，阿图什人总是自豪地谈到“游阿图什”这项活动，说这是全疆办得最好的一个“麦西来甫”。“游阿图什”之前，有伊犁、喀什、和田等地为了宣传本地做过这种文艺晚会，但取名各异。

“游阿图什”之所以轰动一时，主要是在阿图什没有人不会跳舞、不喜爱歌舞的。阿图什人本身反应敏捷、竞争意识强，最主要的是群众当中就有展示给外地人的很好素材。另外，新疆各地文艺界有名的作曲作词的人里有很多都是阿图什人，如舞蹈家kurexrejep负责舞蹈的编导工作，我们又加入了小品，再加上人们的热心支持，当时人们很有激情。

第二节　“阿图什的麦西来甫”和“游阿图什”的一些主要内容

“阿图什的麦西来甫”和“游阿图什”这些活动中编导们努力展现地方

特色，把本地特有的文化尽心地艺术化。

“游阿图什”中歌舞“坎拜尼沙”，表述的就是阿图什历史上的一次水灾，一位叫坎拜尼沙的妇女的两个孩子被洪水冲走的故事。“石头舞”是阿图什自然地理、艰苦环境的刻画与描绘，并体现了虽然是石头地，很难种植庄稼，但他们还是深深地热爱这片土地，这可以使所有看这个片断的阿图什人“热泪盈眶”。

“阿图什麦西来甫”活动中，组织者把 barawet 活动艺术化处理后搬上了舞台，这项活动是阿图什特有的一种济困助穷的好传统，在这个“阿图什麦西来甫”活动中通过艺术化处理，不仅展现阿图什人特有的传统，而且通过这种方式文艺工作者力图保留和宣扬阿图什好的地方传统。

第三节　由地域认同到民族认同的升华

——“诺茹孜在阿图什”

笔者访谈中了解到阿图什的诺茹孜活动是一次偶然的机缘促成的，据访谈者 K 某称是“开玩笑促成的”。当时的阿图什市长到乌鲁木齐后在一个聚会中见到了 muhtarbughra（后文简称穆某），他就口头邀请去阿图什办“麦西来甫”。于是穆某对此事认真起来，带了文艺界的十几个同行，仅在十几天之内就举办了这个诺若孜文艺晚会，据说仅花了 10 万元左右，而一些阿图什籍的文艺人士在一般的演出场合是要“出场费”的，可对家乡的文艺活动，他们都表示要鼎力支持，他们认为这是“yurtning ixi”（家乡的事），“uninggha birnese digili bolmydu”（这个事我们不能开口“要钱”）。而且这次穆某、阿布力克木凯里昆都一致重申这个诺茹孜活动虽然在阿图什举行，但这项活动本身不是阿图什独有的活动，因此，不能说是“阿图什的诺茹孜”，而应该说是“诺茹孜在阿图什”，也就是说，整个维吾尔族该年的诺茹孜活动是在阿图什举办的。由于这个原因，这次文艺活动特别邀请了各地的文艺工作者以及在乌鲁木齐的不同籍贯的文艺界人士参加演出。这是在此之前的两次“麦西来甫”活动中所没有的先例。

这次活动给笔者的启示是，阿图什籍的文艺界“高层”开始意识到自己要从狭隘的地域认同中挣脱，要有意识地提倡“民族认同”，而不能搞“yurtwazlikh”（地方主义），这种超脱已经从“意识形态”“跃升到”行为层面。这也是近年来维吾尔族知识分子、作家们所普遍提倡的“大环境”，而“yurtwazlikh”（地方主义）也是这几年来由很多人著文频频反对批评的一种思潮。我想这些因素共同促成了这次超地域活动。

第四节　文艺界的个人活动

文艺界的个人活动有 muhtar bughra 举行的个人文艺晚会、《儿歌》专集发行仪式等。穆某是当今深受维吾尔族爱戴的年轻诗人和著名词作家，可以说近十几年来，维吾尔族有名的歌唱家、走红的歌手所唱的歌的歌词几乎都出自穆某的笔下，穆某因久病痊愈（据说是做了肾脏移植手术），以举办 40 岁生日为名，2006 年 3 月举办了一个个人文艺晚会，在民众中反响很好。这个文艺晚会里来捧场的人士大部分是他的同乡人，晚会的资助是来自伊合拉斯公司，这个公司是阿图什人开办的维吾尔族较大型的私营企业。

20 世纪 90 年代中期，穆某出版了一个儿歌专集 VCD，并为此召开了一个发行仪式，当时因为 VCD 不是很普及，所以这次发行仪式另一个附议题是“研讨会”，让大家针对这个专辑歌曲当中存在的问题以及他们的工作提出意见。发行仪式在一家饭店的餐厅里举行，有 100 多人参加，大都是阿图什籍的人。

2006 年，阿图什举办了阿图什市成立 16 周年的庆典活动，muhtar bughra 借机在阿图什收集了 100 首民间歌曲，编辑出版 4 张 VCD。

也就是说，家乡里一旦有什么活动，乌鲁木齐阿图什籍的文艺界人士不仅捧场，而且还真正为这些活动做一些事情。

第五节　简单思考

这些文艺活动之所以引起广泛的关注与轰动，不能不归功于“电视”这个媒体的推动，现今维吾尔族文艺界通过媒体获得的声誉与影响，远远超过作家与其他知识分子。这不难理解，一方面维吾尔族本身就是喜好文艺歌舞的民族，当然现在维吾尔族很多人反对这种社会标签，认为这是对外民族的一种误导，并且是一些无知者的“强加”。一个普通维吾尔族农民可能不知道一个较有名气的作家、知识分子，但对文艺界的名人却是很了解。因为一旦文艺界有一个人有了名气，这个人和自己又是同一地域，那么这就会成为标榜自己地域的“资本”——一种自豪感的源泉，这种自豪感又会刺激这个人的地域认同感，使之加以强化。如果一个有较强地域认同感的人，以这些“资源”为“资本”，去“刺激”（包括讽刺挖苦）别的地域的人的时候，同样会增强另一个地域的人对自己地域的认同意识。

第七章　阿图什商人的地域认同

第一节　阿图什商人何时来到乌鲁木齐

20世纪80年代阿图什商人是以阿图什为中心发展自己的事业。当时阿图什发展成了南疆地区30多个县市的商品集散地，阿图什的“香港巴扎”也因此出了名。可从20世纪90年代中期开始，阿图什在南疆的商业中心地位开始没落了，很多商人开始集中到乌鲁木齐。1995年前后，可以说是阿图什商人来乌鲁木齐市的“高潮期”。造成这种现象的原因很多：多数阿图什商人说“为了孩子上学”（很多访谈人都提到这一点）纷纷来到乌鲁木齐。此外，市场经济的发展以及商品房的出现，为阿图什人来到乌鲁木齐提供了便利条件，还有乌鲁木齐市的商业机会、便利的生活（宗教生活与世俗的礼仪生活都能得到满足）。即便这些原因在解释阿图什人为什么大都转移到了乌鲁木齐时能成立，仍有一些外因起到了关键性的作用：一个是库尔勒到和田的沙漠公路的开通以及南疆很多地方的商人开始“成长”所导致的阿图什作为南疆“批发市场”的商业中心地位丧失，还有就是阿图什地方政府的一次加收附加税的事件，引起商人们极大的不满，就纷纷离开家乡，来到了乌鲁木齐。乌鲁木齐作为大都市，给这些商人们提供了更好的条件，按第30号访谈人（阿图什伯干村人，现在乌鲁木齐市做生意）的说法：“在乌鲁木齐一天内突然增加几千个人，这个城市也不会显得拥挤不堪，突然减少几千个人也不会显得城里人就少了，没有生意做了。在这个城市做生意什么时候人气都很旺，而在阿图什来一个外地人，在街上转一转，不到两天全部阿图什人都会知道这个外来人。”阿图什商人绝大多数都是农民出身，他们在阿图什依然保留着田地、家园，这些家产临时交给可靠的亲属、邻里，他们每年在瓜果成熟时回家乡，要在自己家园里住一段时间。

第二节　阿图什商人在乌鲁木齐的“居住格局”

“择邻而居”是很多民族共有的生存逻辑，比如国外很多城市华人聚集的唐人街的出现也是这个逻辑。商品房的出现为这种居住格局的形成创造了一定的条件。阿图什人更注重同亲戚朋友及投缘的人住在一起，一般是如果一个人在某个小区买了房，他的同村人或是亲属、朋友都会商量着买到一起。所以在乌鲁木齐形成了以延安路为中心的不同村落的住宅区，根据在自治区二医院附近开旅馆的阿图什人艾某讲：“青年公园后的小区住的多是提坚人，以前大河坝（乌鲁木齐市一地名）附近多住的是买谢特人，可现在都搬走了。如果我是提坚人，别的提坚人为了和我在一起都会买到一起，最近有一个哈密的富人盖了一栋商品房，我们去买房时听说有一单元里有 memetsalih 大毛拉（著名的伊斯兰教学者）买了房，我们于是及时地买了他的邻房，主要是考虑到他也是阿图什人，如果换作别人，我们还要犹豫，邻居会是什么样的，好不好相处。”

很多年轻的知识分子目前多在乌鲁木齐市陶瓷厂和艺术学校附近的小区买房。

这些地方是乌鲁木齐市维吾尔族最为集中的区域，这里也是“民族商业”的中心区域，从山西巷到国际大巴扎是服装、电器等商品集中区域，而延安路则是各种饮食、宗教场所集中区域，其中延安路老使馆街上各地域特色的饮食，也在人们心目中占据一席之地，宗教场所的存在，为婚丧嫁娶之事的办理提供了便利条件，尤其是葬礼的举行离不开宗教场所，这些方面多多少少都成为人们择地而居时所要考虑的因素。

第三节　阿图什商人从事的行业

布料生意是阿图什商人典型的“老本行”，以前很少有人大胆地跳出这个行业而从事其他行业。笔者与米拉吉饭店老板 K 某访谈时，他说自己曾在哈萨克斯坦做过有色金属生意，包括把中亚国家的一些废旧钢铁卖到国内，当时他从这种生意中得到了好处，于是给周围做布料生意的同乡人建议做有色金属生意时，没人采纳他的主张，K 某后来游历世界很多地方去寻求商业机会，最后他觉得维吾尔族的饮食业有发展前途，他就转到餐饮业中，可当时很多卖布料的生意人嘲笑他，认为餐饮业是最下等的行业，有人说是“yundiqilikh”（直译为泔水行业），瞧不起这个行业，后来 K 某从事这个行业以后“发迹了”，这才有人开始转向餐饮业。

第四节　商人的合伙人及雇用者

合伙人找自己的同乡，彼此知根知底，而且可靠，能够信任，保证信誉。这可能是当前生意场上激烈的竞争中再朴实不过的“简单逻辑”。合伙人、雇用者的身份基本上是由内而外的，也就是先是用自己的子女、亲属、邻里、同村落的人，然后是同一地域的人。目前阿图什人当中商业上的合作多是限定在自己的亲属内，如果没有亲属或是亲属没有经营头脑，就与邻里同村人合作，一些重要的商业信息的分享也遵循了这一原则，可以说阿图什人的商业合伙及雇佣关系仍然限定在自己原来就固定形成的初级群体内。除初级群体之外的关系会很容易破裂。笔者在下文的个案中提到同村落的人合伙后关系破裂，最后还是把自己的亲属从家乡叫来雇用的实例。笔者在访谈时遇见一位商人，当问到他的合伙人及雇用者是否是同乡人时，他还觉得笔者的这个问题问得很“荒诞”，他认为他们的这种做法是“天经地义”的。

第五节　商人之间的“茶”

在乌鲁木齐只要是阿图什人办了婚丧嫁娶之类的仪式性聚会，为了扩大自己的同乡交往，无论是自己的同村落还是不同村落的，他们都会去参加，尤其是葬礼。参加婚礼时会有点谨慎，但会争取去参加。除婚丧嫁娶之事阿图什商人必去参加外，商人们还以“茶”的形式聚会，主要还是以自己的村落为中心开展，而且这种同乡“茶”也是近几年才开始的。

阿图什商人之中定期举行聚会“茶”。这种聚会的“操办者”或是“发起者”以较有经济实力、在乌鲁木齐市商业界有些“脸面”的人为主，其核心还是以本村落的人为主，同时请一些主办者家庭的一些主要社会关系，当然这样的关系主要还是在阿图什人之中。比如说笔者访谈的生意人是伯干村的商人，他经常参加一些提坚人举办的“茶”（聚会），这是因为这个提坚人聚会中有他一个要好的朋友。他还说到有些聚会里也会请一些学者或领导等人物。如有一次这样的聚会里请到了著名的伊斯兰学者买买提沙来，当时买买提沙来给在场的人读了他最近出的一本专著的序言。

伯干村的商人近来开办了几个托运部，他们之间也开始办“茶”，但仅限在做生意的伯干村人当中，别的社会阶层人没有参加这个茶。

第六节　商人之间的互惠

对新来的同乡的帮助：

阿图什商人到了外地会主动地接济后来的同乡人，一般是提供住处、饮食，并指导生财之道（做什么生意能挣到钱，做什么生意挣不到钱），同时在经济上给予支持。如果不能在经济上给予支持，就会把自己有的商品分给新来的同乡，让他们自己出售来找到谋生之路。这种帮助一直会延续到新来者能够独立为止。比如说，在乌鲁木齐小西门布料批发市场，有很多阿图什商人在那里做布料批发，刚到乌鲁木齐的阿图什人会找他们直接要一些布料自己零售，一般因没有钱，先是直接要货，卖了钱以后给同乡批发商还钱，如果万一卖亏了，那些商人也不会对此太在意，他们就会把这次货物卖亏的事当作伊斯兰教五功之一的“天课”来对待，或是当作一种对同乡人的施舍。这种同乡帮助都是在自己同村落的同乡人之内。也有这种情况，一个阿图什人到了他乡如果没有获得同村落的商人的帮助，而别的村落的阿图什人得知了此事，就会出面来问那个村落在同一城市里有脸面的人，问他有一个同乡没有“事”干，你们用不用这个人，如果不用，我就给他找个出路（要么我用这个人）。“得到允许”后，这个外村落的人，就会给新来的阿图什人给予帮助。阿图什人还有一个习惯，在阿图什本地，如果发现有年轻人无所事事地“晃荡”，长辈们就会敦促他们找事干。他们如没有找到“事”，长辈们就会说我有什么什么样的事，或是别人有什么样的事你去做，一般不会让年轻人无所事事（这样的人也会在阿图什人中受到鄙视）。阿图什的年轻人也会去主动寻求各种谋生之路，找一些有门路的同乡，主动寻求出路，他们也很乐意帮助这样的年轻人。

个案一：

有一个阿图什翁艾日克的年轻人到了吉尔吉斯斯坦的 osh 市，他去那个城市后立即找到了自己的同村商人（比他早来这个城市，并有了一定的经济基础的人），并向他求助，借钱投资开业，可他没有得到他的帮助。这件事对他的打击比较大，后来一个硝尔鲁克商人帮助了他。不久这个年轻人渡过难关“发迹”了，挣到钱以后，他为了“出那口气”，回国时就专门通过那个没借给他钱的同村商人给家人捎了很多钱。因为上次没有获得帮助的事而“耿耿于怀”的年轻人，通过这次捎钱来让同村的人看一看到底自己能不能挣到钱（此资料由第 44 号访谈人提供，该访谈人是新疆医科大学阿图什籍在校大学生）。

个案二：

笔者访谈了在乌鲁木齐山西巷一位做服装生意的上阿图什籍商人 B 某，当笔者问到生意人之间有没有相互帮助的事情时，他说，以前这样的事很普遍，可现在不要说是同乡人相互帮助了，就连一家人也会为了一点经济利益而会争得“死去活来”。他说，最近在乌鲁木齐市赛马场附近，两个和田籍的兄弟俩，为了各自店铺门前的一点地而大打出手。另外，也是在前一段时间，一个人租了他的店，并且把手续办好了，可第二天来了一个人自称是那个租店铺人的表弟，说一定要把那个店转租给他，为此他宁愿多出 2000 元，B 某说这个不符合生意场上的规矩，你何不把这个准备多付的钱给你的表哥。可他不愿那么做（笔者问这个人是哪里人，他说也是和田人）。B 某说，自己在 20 世纪 70 年代为了谋生到了玛纳斯，在玛纳斯县遇见一位在汽车站工作的叫牙生卡目的阿图什人，从那以后，B 某每次到玛纳斯，牙生卡目都给他免费安排食宿，并帮助他出售商品、找货源，帮助联系交通工具（如遇有熟悉的司机可免去交通费）。这个人以前也不认识，也不是同一村落的人，只是因同乡而给过 B 某很大的帮助。

B 某说自己曾同一个同乡人一起投资干果生意（B 某投资 6 万元），而且是那个同乡人先找来要求一起合伙的。当时与 B 某合伙之前曾给他看过自己很多的货——杏干（B 某后来得知这些货是别人的）。有一天，B 某找这个合伙同乡时，发现这个合伙人正在给“一等品”的杏干里掺杂一些质量不好的次品，B 某当即大发雷霆，说自己挣的钱里不能掺有“haram”（非法的）收入，立即决定要撤资，但这笔 6 万元的投资“跑”了近一年时间才要回来。

B 某又说，他有一个小学同学在上阿图什，前几年带着自己的一个儿子来乌鲁木齐找 B 某，说自己的儿子上到高中不愿再上学了，要让家里买一辆货运车辍学挣钱。B 某就劝那孩子坚持上学，并说自己从前给儿子花了 12 万元钱买了一辆“八平柴”[①]，可儿子把这辆车仅开了四个月，因没有挣上钱就以一半的价格（6 万元）出售了。B 某的同乡听了这些劝告后就回家乡了，可没过多久又来乌鲁木齐市，说儿子怎么都不听劝告，一定要买一辆车，并向 B 某借了 5 万元钱。过了两个月，买的二手车的车主因欠银行贷款，要以这辆车做抵押，如果不还那个钱，车就会被没收，又向 B 某借了 3 万元。可没过几个月，借钱人的儿子开车时出了事故，他们家人就无论如何坚持把那辆车卖了，但从 B 某这借的钱也“赖”着不给，说家里没钱，等庄稼收获了再说……

按 B 某的观点，现在同乡人之间的关系完全变了，同乡人之间相互接济的事逐渐淡漠了。

个案三：

在 20 世纪 90 年代初，“我”（一位外地网友在 choghlan 论坛上的留言）在乌鲁木齐二道桥附近住进了一家招待所，20 个人一间的客房，一张床每夜 5 元。当夜，“我”见到有两个 20 岁出头的小伙子共挤一张床睡，“我”就与他们攀谈，原来他们刚从阿图什来，要去深圳，有一位阿图什人在深圳办了工厂，给家乡阿图什传话说只要是阿图什人想挣钱的，不管是老的还是小的，都到我的厂里来，我给安排工作。于是这两个小伙子离开阿图什，正赶往深圳要到那个工厂里工作。他们因为是第一次离开阿图什，所以今天他们来乌鲁木齐时，是由一位不相识的阿图什籍同乡从车站接了他们，并给他们买了一顿饭，安排到这个招待所住宿，并说你们两人住一张床，这样能省下 5 元钱。第二天还有另外的一个不认识的同乡人会

---

① 能装八吨货物的烧柴油的货车。

把他们送到火车上，每到一处都由阿图什籍同乡会接待他们，直到他们平安到达深圳的那家同乡人开的工厂为止。这一晚的谈话，让“我”感触很多，并为阿图什人的团结精神所感动。

第七节　商人间的“mirasse”（经济协调）

商人之间的经济纠纷也时常发生，因在借贷、投资合作等方面靠传统的信誉观念行事，而不立字据，出现一些纠纷，法院也对此类案件因证据不确凿而备感棘手，所以这样的纠纷往往就由“乡老”来处理。笔者此次仅访谈到在乌鲁木齐解决的“经济纠纷案”。除当事人之外，参加过纠纷解决过程的人有：著名伊斯兰教学者买买提沙来、一位著名的律师、前阿图什个体商业协会会长麻木提卡拉吉（是米拉吉餐饮业老板克力木的父亲），还有第30号访谈人（阿图什伯干村人，现在乌鲁木齐市做生意）和一些商人当中有头脸的人物等，他们共同“断案”。其中曾担任阿图什个体商业协会会长的麻木提卡拉吉，一直在阿图什专门处理此类的经济纠纷，是民间“德高望重”很有经验的纠纷解决人，2006年已84岁高龄。

商人们在处理这起经济纠纷时的逻辑是，把法律界、宗教界、民间、商人当中阿图什籍的德才兼备、德高望重的人聚到一起来共同商讨后处理此事。上述经济案件中有一起是一个借18000美元的案件，这个案件曾经“闹到”阿图什的法院，可法院因证据不足而把这个案子拖了十几年。“案情”大体如下：一个阿买谢特的阿图什人在中亚城市比时凯克跟另一位同村人借了18000美元，他们之间也没有立字据，但不久这个借出钱的人病故在他乡（在中亚），这个人的家人都知道这笔借出的钱，后来这个人的遗孀向借钱人索要这笔钱时，借钱人就抵赖不愿还这笔钱，后来此人“转移”到乌鲁木齐做生意，那个遗孀从阿图什赶到乌鲁木齐向麻目提卡拉吉诉说此事。麻某就招集了另外一些有脸面的生意人，而那些生意人就把法律界、宗教界的阿图什籍人士叫来处理此事，当他们把当事人叫来专门“审”这个案件时，那个借钱的人却坚持说自己在比时凯克已经给那个去世的商人还过11000美元，还剩7000美元没有还，于是这些“乡老”当场让这个人立字据要他还这7000美元，这件“案子”也就如此了结了。

当笔者访谈麻目提卡拉吉时，他说因自己年事已高现在很少参与此类协调活动。

第八节 商人的捐助活动

笔者一提起阿图什商人互助的行为时，访谈人大多都提到商人“频繁”地给穷人捐助，可当笔者真正寻求那些被人们认为“频繁”捐款的人时，他们都对此保持缄默，不愿意提起这件事，有的人却说根据伊斯兰教教义“右手给了施舍，左手就应该忘记”。阿图什商人捐款活动多的原因是：大部分阿图什人都有虔诚的宗教信仰，按伊斯兰教的信仰交纳天课是宗教五功之一，是教徒必修的功课，也是济贫助困的一种方式。伊斯兰教里规定，对农产品是按一年内总收入的十分之一，牲畜每年按四十分之一交纳“天课”。“天课”的主要去向是先给自己亲属里的穷困者，如果亲属里没有可以施舍的人，就会给邻里，如果邻里也没有可施舍的人，再找“远方”的穷困者，其逻辑就是“由近及远”，达到平均财富的目的。所以阿图什商人为了完成 periz（天课、主命），除了缴纳国家的税款之外，他们还会把剩下的收入按照宗教规定完成宗教功修。另外，很多人也害怕如不按宗教天课从自己的收入里分出所规定的钱数，那么这笔钱使用就是“haram”（非法）的，这样会影响今后生意的兴旺发达（事业不会顺利）。对这些钱的分配别的“外行人”说是捐助，其实就是宗教功修。

阿图什商人有很多捐款活动，但这些活动大多都是“隐蔽”不公开的，而且不经过公共渠道。他们之所以这样做，一方面是出于伊斯兰教的原因，要乐善好施。给人施舍应是“右手给了左手”就应忘记，隐蔽的施舍贵过公开的（意思是说，悄悄地给予穷困者帮助记的善功比公开给予的要大，因为公开给予会提高自己在现世的荣誉，这会使人骄傲）。另一方面是他们不相信那些“公共渠道”负责人能够公正无私地将这些钱真正送到应当施舍的人手里。

有一个叫艾力阿吉的商人，在阿图什做布料生意，他的儿子在上海专门往新疆等地批发布料，每年能挣很多钱，艾力阿吉的一个妹妹在新疆大学图书馆工作，他就委托妹妹找新疆大学的贫困学生（不管是不是阿图什籍的学生），由她亲自认真考查以后再分月给那些贫困学生发放助学金，这样的钱每年共有 6 万元，已有十来年了。艾力阿吉自己也直接资助从阿图什考出去的贫困大学生。他们曾委托新疆大学有关部门的人操办捐款的事，可后来发现有些钱并没有给真正贫困的学生，而是分配给了一些“裙带关系”，所以这件事情的具体操办还是落到了自己妹妹的手里（笔者曾对她进行了访谈，她的孩子在日本东京大学读大气物理专业，2006 年博士毕业获得了优秀毕业生奖励，据说这个奖项一年只给两个人颁发。她自豪地说，她的儿子给阿图什人、维吾尔人争了荣誉，后来笔者在另一处的访谈得知有人专门组织翻译国外对她儿子的报道，准备在媒体上宣传，同时要宣传的还有一位在国外获奖的阿图什籍博士）。

个案一：

个体商人阿吉卡热之访谈

阿吉卡热（以下简称阿某），26 岁，阿图什塔格提云村人，阿某之妻是阿图什籍伊犁人，与阿某在乌鲁木齐认识。笔者访谈时他们的孩子只有几个月大（2005 年 8 月生）。1998 年阿某来乌鲁木齐时，曾在同乡人的帮助下做了布匹生意，每次由在大西门做布匹批发的同乡人提供布料，购买布料都是先赊账，钱是等卖完了布料后送来（如遇到生意不景气，有了亏损，可以不给亏损的一部分钱，而做批发的同乡人，也不会过分追究），阿某做了四年布匹生意，并没有积累多少资金，也没有什么发展。后来，他与同村朋友商量后决定两人合伙开一家五金商店，同时也四处借资金合资，并在新疆电视台工作的表哥的帮助下，在延安路找到了店铺（这个店铺的位置离其表哥家一公里左右）。开店不久生意还“可以”，每天大概有 1000 元至 1200 元的贸易额，阿某主要负责进货，同村的朋友负责销售，可两人合作近两年后，阿某的家人打来电话说他的合伙人经常背着阿某给家里寄钱（据说合伙人的母亲常以炫耀的语气说自己儿子经常寄钱过来），阿某开始觉得合伙人不忠于合作，两人商定后，给合伙人 2.5 万元后分开了。

现延安路五金店（合五金、粮油、蔬菜、小超市为一体，门前还有哄小孩的摇摆车，他们还负责给买主家里送煤气、粮油等）的店伙计有两人，一为店主小舅子，一为店主之表弟，日收入 1500—1600 元。表弟依布拉音 18 岁，高一辍学，来乌鲁木齐市已有 4 个月，依布拉音有 7 个亲属全都做生意。朋友当中有两个同龄人，一个是店主前任合作人之弟，一个是从托儿所起就是同学的亲属。这个亲属在理发店工作。依布拉音说他常去找这个朋友，该朋友在喀什人手下工作（在阿图什学会了理发）。

阿某有两个“经常联系”的亲属，一为新疆电视台工作的表哥，一为姨妈。阿某主要是节假日探访这两位亲属。据阿某讲，自己认识的同乡有60个左右，其中有20个经常联系的同乡人，在经常联系的人中又有5人是好友（都是一块长大的同村人）。有个同乡医生，以前不认识，是在一次去医院看病时认识的，他后来虽没有刻意地与该医生联系过，但每次到医院仍能因为老乡关系而受到“较好的照顾”。另有四个在政府部门工作的同村长辈，有时他们也给予帮忙办事，周围居民区的阿图什人虽不认识但是会特意从远处专门来此店买东西。[①] 曾有两个阿图什人在家乡就认识，问阿某“借过”回阿图什去的路费，阿某给过200元，至今还未还。阿某也没有要过。

阿某只有高中学历，但他自学了英语，掌握了一定的英语阅读与口语技能（我在访谈时他随口翻译了笔者的笔记本电脑上的商标型号Travel-mate“旅游伴侣”）。他说自己有时去乌鲁木齐的英语角，认识了两个外国朋友，一个是加拿大人，一个是荷兰人，与他们有过E－mail通信。他说为了孩子的教育与以后有个好的出路，自己想移民加拿大。

个案二：

第15号访谈人（阿图什伯干村人，现在乌鲁木齐市做外贸生意）：

对于乌鲁木齐的维吾尔族来说，我们阿图什人讲“yurwazlikh”（地方主义）的情况很“严重”。比如说，在家乡里有买谢特、伯干、硝尔鲁克、瓦克瓦克等很多村落。乌鲁木齐市阿图什人也很多，但多同自己的同村人来往。如果没有和别的地域的人有特殊的关系，我们是不会深交的。但到了中亚，只要是维吾尔人我们都会来往。但过一段时间，又会和同乡人联系在一起，比如在吉尔吉斯的ox市有很多喀什人和阿图什人，我们去一段时间后，还是和自己的同乡住在一起。

××地方人非常精明，我们“不知道的事”他们都知道。比如，你要去和他们交谈他们能马上猜出你是库尔勒人，如果外国人要买他们的东西，他们能猜出买主是美国人还是英国人，他们是非常敏感的人。1999年

① 附近青年公园后就是阿图什提坚人集中居住的小区。

我和岳父去××地方买花帽……，××地方人的习惯做法是先伤顾客的自尊，把买的人“气极了”再卖东西，10 元的东西，能标出 1000 元的价。和田人诚实，宗教信仰虔诚，××地方的人易上当，说什么都说好，男人不会做生意，一般是女人做生意，男人较为软弱。

以前路过库尔勒时和一个人同住一间旅馆，那人整晚一句话都没说。第二次路过，我以为是同样情况而转身就睡。同屋人却说：“唉，老弟！你是牛吗？我们怎么不说一会儿话再睡？”我把自己上次的经历给他说了，他也笑了。比如坐火车，我们会挨个地找各车厢看有没有维吾尔人来谈心，但还是要研究看那个人是什么性格的人，我们找到同乡人可以放心地谈，也会获得很多信息。我们阿图什人在商业上互相帮助、互相指导，我干了十六年的音像制品生意，可没有怎么发展，我的同乡及和我一起起家的朋友们劝我改行，我一时想不通，他们就说我们可以比一比，这几年如果你干的行业挣的钱多我们就跟你，如果我们干的行业挣的钱多，你就跟我们。最后，我“没有办法”了，因他们挣的钱比我多，我就随了他们。所以今年（2006 年）自古尔邦节以来，我把音像制品店关了，把所有的货都卖了后，正式改行做别的事，我现负责向中亚的国家发货。我们阿图什人非常团结，生意上就是这样互相提携的。

阿图什商人基本上是以农民为主，我小时是修自行车的修理工，从很小就开始干了，有一段时间当了电焊工，但对眼睛有很大伤害，在一个阿克苏籍医生的劝告下我就不做了。1987 年我到广州，一直待到 1990 年。我们晚上不睡觉，有一个叫南山的地方，那有走私货经过，我们把走私货（放像机）连夜运进广州市，白天就在宿舍里出售，下午睡一会儿晚上又去。后来有一次连夜去“提货”，我买了 7 万元的货，按以前的规矩我只试了一台机子，剩下的没有验货，可回来后发现放像机包装里全都放着砖块。我们被当地人骗了，我几年的辛苦钱也没了，我就赶回乌鲁木齐市，当时我身上只剩 400 多元钱，我以那个钱为本钱一直拼搏到现在。后来，我从老家叫来自己的贫困亲属、同村人，录制磁带，做了音像制品生意，muhtarbughra① 也给予了我很多帮助。

当笔者正在与该访谈者访谈时，来了三个小伙子，是他“手下”工作

① 文艺界有名的诗人。

的伙计，访谈人给他们布置完生意上的事后，笔者问，那三个小伙子是不是阿图什人?

他说全都是自己的同村人。“做生意需要人，需要可靠的人。以前我开音像店的时候用过异地人，但都不可靠。”

当笔者问到当前乌鲁木齐市“边疆宾馆”① 里的外贸生意是否大都是由阿图什人在做时，访谈人说：

外贸生意的大部分是由阿图什人在做。不过我们不同村的商人之间生意上还是有竞争的，如我昨天在边疆宾馆买了发往乌兹别克斯坦的拖鞋，后来缺了一部分钱，当我去取钱时，阿图什翁艾日克的小伙们在托运部发现了我买的这个货。我本来是用 3.1 元/双的价钱买的，他们就用 3.3 元/双的价钱把剩下的货物买走了。即使是同乡人，如果是我们的生意圈之外的，我们也不给他们透露任何商业信息，除非这“信息”有所剩余，在利益问题上我们首先考虑的第一个群体是同村人，第二个群体也是同村人②，再有剩余的才会告诉其他村落的人。

笔者问道：“听说伯干村的人相对阿图什来说生意人最少，是这样吗?”访谈人说：

伯干村人从 20 世纪 60 年代就开始做生意，80 年代改革开放后，几乎每家都有人出来做生意。买谢特村人做生意早于我们，但他们工匠多，我们没有工匠，做生意最多的是伊什塔其村人，接下来可能是硝尔鲁克人，再下来就是买谢特人，第四位是伯干人，最后是翁艾日克村人，在边疆宾馆做生意的硝尔鲁克人为多，下来就是伊什塔其人多。

个案三：

第 42 号访谈人（阿图什人，在乌鲁木齐市工作的文艺界人士）：

我认为现在社会各界评价阿图什人爱钱，这是不对的。我觉得商人的贡献很大，我有一个弟弟，25 年来到各地 sergerdan（闯荡），奋斗了 25

① 乌鲁木齐市的一家外贸市场。

② 访谈人在此强调同村认同。

年，现在他在养活 300 多人。[1]

阿图什商人每年都要请我到他们所在的城市游玩，我去过内地各大城市。此外，还去过莫斯科和印度的一些地方，我认为阿图什商人有一些不同于别的地方人的特点：非常有能力、对自己很负责、他们的信仰很虔诚、都日礼五次拜、99% 的人都不会走上邪路，即便很少一部分人走上邪路，那么他们的"事业"也会很快崩溃。这 99% 的人虽然非常团结，但又不相互透露底数，生意上竞争很残酷，但又能相互支持。阿图什商人不管在哪，即使开着车正在赶路，如果礼拜时间到了，他们也会把车停下来，要么在车里，要么就在路边做礼拜。

商人当中有地位的都是我们村落的人，如提坚的 ummetkam，veli hajim，abdurexit hajim，如阿图什还有一个叫 hetip hajim 的人的孩子。新疆最富有的阿图什人基本上都在乌鲁木齐。20 世纪 80 年代阿图什有过一个事件，说有"遗漏税"[2]，要从商人那里重新征税，高的到 50 万元，低的到 2000 元。自那以后商人们就不愿在阿图什行商了，很多人到了乌鲁木齐，后来发现乌鲁木齐的生意也可以，所以阿图什的富人基本上集中到了乌鲁木齐市。

阿图什商人还有一个特点就是有钱的商人在乌鲁木齐市也没有开设专门的门面或店铺，只有小生意人，如有一两百万元资金的人才开店铺。别的地方的人如果挣了 100 元他们会宣扬成 200 元。阿图什商人却不会。别的地域的人有建了几十层高楼的人，但资金来路不清。阿图什商人却不同，他们的钱就是干干净净属于自己的，别的地域的人如果捐款几千元的话，就会把电视台等媒体叫来作秀。阿图什的商人从来都比别的地域商人捐款捐得多，但很少宣扬。他们也资助不少留学的、上大学的学生，就连我都为很多有困难者悄悄地募集了不少捐助款。今年我和 ×××[3]去内地，想做一个《阿图什人在沿海》的文艺片。但去了以后给阿图什商人提到这个想法，没有一个人情愿，主要原因是他们不愿自己上镜头图虚名。靠自己发家的人，害怕别人知道自己有多少钱而不敢到处宣扬。阿图什商人中不愿宣扬的商人占到阿图什商人的 95%。很多商人给别人捐了钱从不提这

---

① 指在他的手下工作的人。

② 没有交清的税。

③ 一位有名的作家。

样的事，其中有个原因就是提了害怕伤对方的自尊，我弟弟都给很多人捐助，何况是更大的商人呢！

个案四：

有关阿图什商人的媒体报道。

阿图什商人：把生意做到月球上①

本报记者阴雪新疆喀什报道：

回想起当时的情景，阿吉至今还记忆犹新。“我把1米4元钱的布，在苏联以1米40元的价钱卖掉，再把那些卢布换成美元带回国。”

在克孜勒苏柯尔克孜自治州（简称“克州”）首府阿图什市，除去迷人的自然和民族风情外，扑面而来的是一股浓浓的商业气息。

当地流传着这样一个故事：有人上了月球，在月球上碰到一个人，问他是哪里人，对方回答：“我是阿图什人，想了解一下在月球上有没有赚钱的机会。”

一个小故事，足以表明阿图什人敢于闯荡，敢于冒险，特别精明的一面，也就无怪乎他们素有“中国的犹太人”之称。

司马义阿吉，一个资产达5000万元的阿图什市市郊阿扎克乡西塔其村的村民。如今，他斥资200万元修建的建筑面积达1100平方米的维吾尔族特色民居，已成为供外来游客参观的“旅游景点”之一。

就在游客们感叹于这雕梁画栋、极尽奢华的豪宅之时，他们却被告知：此家主人司马义阿吉并不是这里最富裕的人，在阿扎克乡，有大约15%的人像他一样，甚至很多人比他还要富有。

走出阿图什

阿图什人的经商历史源远流长，从汉朝开始，丝绸之路就孕育并培养了阿图什商人。当时，阿图什是丝绸之路的必经之地，也因此成为东西方商人聚集和进行交易的重地。

据史料记载，当时的商人通过阿图什，将玉石、象牙、香料等商品带到中原，再从中原带回丝绸、茶叶、手工艺品、陶器等商品在这里进行交

① 资料来源：21世纪经济报道，2005年5月25日。

易，或带到中亚、西亚和欧洲。

代代相传的商业历史和独特的地理环境鼓舞着阿图什人的经商意识。“阿图什历来就人多，地少，严重缺水。”司马义阿吉做了一个比较：在库尔勒平均一个人有五六亩地，而在阿图什最少的一个人才有三分地，而最多的也不过分得一亩地。

假如不努力就会成为恶劣地理环境的俘虏，于是素来精明的阿图什人放弃了传统意义上的男耕女织，转而做起了生意。

不管历史风云如何变幻，这里的巴扎（维吾尔语：集贸市场）始终或明或暗十分活跃，不少人正是在这种捉迷藏般的变幻中，由街头小贩，变成了百万富翁。

阿吉的父母都是生意人。耳濡目染的，阿吉也习惯了这种生活方式。

20 世纪 80 年代的改革春风同样吹到了阿图什，这里的人们仿佛如鱼得水。

阿吉和他的弟兄们想到了要走出阿图什。他们怀揣着几百元钱第一次登上了东行的火车，来到了上海。他们从上海带着布匹、衣服、头巾等日常用品回到阿图什，再转手以两三倍的价钱卖掉。

在偏僻之隅世居的像阿吉兄弟一样的阿图什商人并不闭塞，他们凭着鹰一样锐利的眼光，在语言不通的情况下，迅速把进货地点扩大到了广州、北京、温州、义乌等地。

辉煌三年

在经历了资本原始积累之后的阿图什商人，大多已不拘于简单的生意，他们触角更远，视野更加开阔了。由于阿图什所在的克孜勒苏柯尔克孜自治州有两个口岸通往中亚五国，在改革开放和西部大开发等政策进一步放开之后，边贸生意就成了他们更好的选择。

阿吉等人就是第一批进入苏联的掘金者。1990 年，阿吉等一行五六人从东北进入苏联。由于当时办理护照极其困难，阿吉在苏联一待就是三年。

而阿吉的哥哥们则长期在广州、上海等地将布匹、针纺织品、日用百货等商品发送到苏联，阿吉就负责接货并将货物转手卖掉。

回想起当时的情景，阿吉至今还记忆犹新。“我把 1 米 4 元钱的布，在苏联以 1 米 40 元的价钱卖掉，再把那些卢布换成美元带回国。”

"我们这里第一批最有钱的人都是在那里挣的。"仅仅三年，阿吉就将几百万美元带回了阿图什。

看到了阿吉等人在苏联吃到的甜口，越来越多的阿图什商人把生意做到了国外。到了20世纪90年代末，阿图什的个体商业贸易得到了进一步的大飞跃，不仅实现了其"香港巴扎"之名为"帕米尔高原商品集散地"所代替的转变，更成了新疆及其周边国家闻名遐迩的西部大商都。

据统计，现在在中亚各国经商的阿图什商人已达5000多人，其中有4000多人都是阿吉所在的阿扎克乡人，目前仅有30%的阿扎克乡人还留在当地。

如今，在克孜勒苏柯尔克孜自治州境内通往吉尔吉斯斯坦的吐尔尕特口岸，成为一个相当繁忙的口岸，每年的进出口货物都在20万吨以上。其中，2004年，吐尔尕特口岸出入境货物9930批，重量达22.32万吨，货值7764万美元。

回归阿图什

现在，已经43岁的阿吉和大多数当初与他一起出国做生意的人一样，选择了回到阿图什建厂。而他们的下一辈则成为走出阿图什的主力。阿吉的儿子子承父业，正在吉尔吉斯斯坦做生意。阿图什人的经商传统就这样一辈一辈地传承下来。

据统计，在阿图什，拥有百万元以上资产的农民富翁已达200户。他们主要经营纺织品、鞋帽、家电、钢材生意。吉尔吉斯斯坦首都比什凯克的三大市场中就有两个为阿图什商人所掌控。

州工商局的一份统计资料表明，截至2004年年底，克孜勒苏柯尔克孜自治州个体工商户已发展到5829户，从业人员10228人，注册资金4884.8万元，生产总值592万元，销售总额5694万元，商品零售额5098万元，私营企业有115户，投资者543人，雇工1899人，注册资金15422万元，生产总值1910万元，销售总额1256万元，商品零售总额1143万元。

致富之后的阿图什商人并没有忘记建设自己的故乡。阿吉说，村里的柏油路、通电、饮用水等工程就是在他们几个先富起来的人的提议下，和政府共同出资建设完成的。

据不完全统计，为修桥修路、资助建校、扶贫助困、抗震救灾，阿图什商人捐款捐物达800多万元。

阿吉甚至还将自己巨资修建的私屋贡献出来，作为当地旅游的新景点。在阿拉伯风格的壁灯与雕花木墙交相辉映下，阿吉的家被纳入了南疆的大旅游板块中。

阿图什商人，不仅改变了这里的昨天，也在改变着这里的今天和明天。用他们雄心勃勃的玩笑来说，那就是“只要月亮上有人，那里就有阿图什的商人!”这既是玩笑，也是阿图什商人的梦想。

第八章　阿图什人在乌鲁木齐开办的企业

企业对于增强地域群体认同感的作用是举足轻重的，乌鲁木齐市阿图什人开办的企业里工作的几乎都是同乡人，包括管理人员和工作人员，基本都是阿图什人，如私立学校“特别克职业学校”的校长就是由新疆教育学院已退休的院长担任的，安淇拉公司书店的负责人也是自治区某厅级单位退休的级别较高的干部。总之，阿图什人开办的企业里的关键岗位不是亲属就是同乡同村人。除此以外，只要这样的企业举办一些如庆典之类的社会活动，同乡人都积极参与并“捧场”。这些企业也会为自己在家乡阿图什的村落做一些公益事业。

在维吾尔族开办的现代型私营企业中除阿尔漫、阿米娜不是阿图什人开办的之外，规模最大的民营企业基本都是由阿图什人开办的。其中以伊合拉斯、安淇拉、米拉吉等饮食及保健行业具有代表性。此外还有伊什塔其人开的 qewendaz（直译是摔跤手）进出口公司，该公司属下在乌鲁木齐市第 14 中学有一家 qewendaz 宾馆，中亚还有皮革加工厂，其产品销到国内各地；ayas 公司（宾馆、饭店、超市综合经营）；yuksek（超越）拖鞋生产厂（由伯干村人开办）、parlakh 宾馆、khulan 托运公司等企业。

第一节　企业家克里木阿图什

个案：

企业家的成长之路

现在被称为企业家的克里木，别人称他为克里木阿图什[①]，1966 年出

① 也有人称他为克里木疯子，“主要是因为他所思考和所办的事情超出普通维吾尔人的想象”。

生在买谢特村，父亲麻目提卡拉吉曾是一个艰苦创业的商人。① 克里木自己说从父辈处继承了一笔“遗产”，即诚信与责任心。诚信经商是阿图什商人得以立足与发迹的“秘诀”。对自己、血亲及社会极强的责任心是成为一个好商人的“道德原则”。克里木小时候家庭并不富裕，13 岁时便走出阿图什到乌鲁木齐“闯荡”，20 岁到了上海，靠着勤劳和节俭开始了他的经商之路。在上海一年之后，去了广州，将新疆的特产运到广州销售，又将广州的商品销到新疆。此外，他还做起了进出口生意。生意做大后，足迹也踏遍了中国沿海的大小城市，还到过土耳其、美国等国家。在中亚地区做过多种贸易，积累了一定资金后，决定重点发展餐饮业。他先在乌鲁木齐市开设了一家清真蛋糕店，没过多久，又将蛋糕店扩大为快餐店，经营新疆的民族特色饮食，生意日益红火。而就在克里木准备在新疆其他城市发展连锁快餐店时，自己辛苦创下的快餐店品牌，已被别人抢先注册。后来，他投资 500 多万元成立了新疆米拉吉文化餐饮有限公司，并在乌鲁木齐市开了一家极具民族特色的“豪华”型“米拉吉”餐厅。同时，为了系统地了解和掌握企业运作的模式以及人员管理等方面的情况，花了数十万元专门请翻译去清华大学等学府参加培训班和各地创业论坛，听专家和企业家们讲授经商之道。后来，在公司的各项管理中，克里木运用了科学的管理方式，比如在用人方面，他摆脱了家族式管理模式，做到任人唯贤。当克里木接受笔者访谈时，他正在乌鲁木齐市第三中学后门附近投资 1700 多万元新建“米拉吉”分店，依笔者的眼光，这比起前一家店（八路军办事处前的那一家），新店才真正具有“超豪华型”的规模。据媒体报道：“目前，克里木又确定了新的发展目标，他希望有一天，能将他的快餐公司发展成一个全国甚至全球连锁的公司，将具有浓郁新疆民族特色的餐馆开到全国和世界各地。”②

认同的“转变”——从地域认同走向宗教认同——民族认同

访谈中笔者了解到，在新疆把维吾尔族文化与餐饮行业结合的就属他最早。他在乌鲁木齐开了第一家“安居尔餐厅”，在这家餐厅“红火”之

① 2006 年 3 月曾接受笔者访谈，2007 年 1 月 19 日已去世。

② 资料来源：国际在线报道。http：//gb. chinaradio. cn/3821/2005/02/01/146@440498. htm。

后，很多人开始学他的经营理念，开始变着花样形成“restoran”文化（餐厅、宴会厅文化），包括乌鲁木齐在内各县市的维吾尔人的各种聚会都很快普及到餐厅、宴会厅里，短短几年时间发展迅速。这个“安居尔餐厅”后来转交给克里木的亲属经营，而这个餐厅的名字“安居尔”就是以阿图什的特产——无花果——命名的。从这个命名上看，克里木当时的内心认同是以地域认同为主的。但他后来开了“米拉吉”餐厅①。因此笔者认为，克里木选择这个词作为这个企业的名字，是他思想从地域认同向宗教认同跨越的一个标志。在访谈中笔者了解到，他认为使维吾尔族餐饮业行业化意义很大，能解决一大批维吾尔人的就业问题。他说：“全中国有12亿多人，有1567个大中小城市，如果一个城市能开10个餐厅，全国就能开近16000家餐厅，如果每一个餐厅解决20个人的就业问题，就能解决32万维吾尔人的就业问题，如果他们当中有10%能当老板（或管理人员），就会有3200人当老板，这个数字如果能一步发展就会有3万多人当老板。即便维吾尔人都当了厨师，对12亿人来说还是不够的。‘我们’有‘硬件’——维吾尔餐从营养学研究的角度讲是健康食品，营养学里有三种烹饪食品属健康，如蒸、煮、明火烤制的食品。因此，维吾尔餐饮业有优势，而‘我们’的软件——维吾尔族同胞的素质，还需要我们付出很多努力。”

从这些言辞上看，克里木不仅是在思考自己企业的生存问题，而是在思考维吾尔族未来的出路。他的这一思考相对于阿图什商人这种受教育很少、农民出身、地域认同感很深的一种群体来说，是一种认识上的“飞越”，这一点可以说是在先前所述的地域认同、宗教认同层次上的一种“升华”。因为很多阿图什商人，还没有走出自己的血亲、邻里和村落这个认同层次。

笔者从网络中搜索到有关克里木的“他者视角”“媒体”报道：

---

① “米拉吉”一词含义丰富，在不同的语言中有不同的意义，英语里有奇幻玄妙的意思，而在伊斯兰教里指先知穆罕默德（下文简称“穆圣”）“登霄”之夜。据传，穆圣在麦加等地备受煎熬之时，天仙带着他从阿拉伯的麦地那连夜去了耶路撒冷阿克萨清真寺，又从这个寺里到了天庭“阿尔西”，并看到了天堂、火狱以及人类未来要发生的种种事项，看完这些事项后又在天亮前回到了麦地那。这一夜是穆圣一生传教事业的一个转折点，也是一个超越点。所以“米拉吉”这个词带有一种神圣与超越的“隐喻”。

克里木的家族企业向现代企业转型①
新疆米拉吉餐饮文化有限公司

新疆米拉吉餐饮文化有限公司，是一位维吾尔族人开的公司。该公司除了有一名汉族高级管理人员外，还有两名汉族中层管理人员。她们中的一位名叫樊某，是公司的财务主管；另一位叫高某，是人力资源主管。她们于6月16日接受了记者的采访。

记者一看到樊某，觉得她就像个财务人员，因为她的言谈举止显示出某种沉稳和精细，不善言辞。她是昌吉人，1996年毕业于新疆财院，曾在一家餐饮企业干过几年。也就是去年的这个时候，她的一个朋友三番五次打电话，给她推荐这家公司。平时连二道桥都很少来的她，由于对民族企业的不了解，一时半会儿还无法决定是否去这家公司谋职。后来她的朋友带着她到公司看了看，跟董事长克里木·马木提谈了一次，使她终于决定来这里试一试。没想到这一试，却试出了她对这个公司的感情。她说："我主要是为这个公司决策层的诚实所感动。比如公司规定，为了保证公司餐饮的高质量，必须使用桶装色拉油，老总对这条盯得很严格，有时甚至进口土耳其每桶一百多元钱的色拉油。我们的原则是宁可一时赔钱，也得严格保障我们餐饮的高品位。我坚信高品位的维吾尔族餐饮精品一定可以打入国内外市场。我主要是负责规范公司的财务管理制度，我们目前的餐饮业成本核算办法还是比较先进的。总之，我在公司里的工作心情很愉快。"

高某则是个爽快人，身材高挑，大方泼辣，说起话来滔滔不绝，而且口才也挺好。她是个南方人，生长在伊犁，毕业于广州商学院。她笑着说，她是被樊某拉进公司的，因为她听了樊某的详细介绍后就干脆利落地"跳"过来了。她来这里的原因主要还是比较认同优秀的维吾尔族文化和传统美食，认为高档精品的维吾尔族美食完全可以走出新疆。她说："公司为我们这些包括汉族在内的管理人员提供了良好的发展平台，特别是老总比较重视人力资源开发，尊重人才，我很有信心，相信自己在这里可以干出点名堂。"

她们两位几乎同时说道，她们与维吾尔族同事相处很好，彼此尊重各

① 来源：新疆重点新闻网——天山网 http：//www. xjts. cn。

自的风俗习惯，除了在公司里友好相处外，还经常一起逛街，买衣服，还每月聚会狂欢一次呢，而且她们觉得在这里学到了许多东西，将会让自己受用一辈子。

克里木的家族企业向现代企业转型①

天山网讯（记者海米特·尼亚孜）企业家放弃自己创办的企业是一件痛苦的事情，但是在乌鲁木齐市干事业的阿图什商人克里木·马木提因为放弃“安居尔”、创立“米拉吉”，使自己企业的管理模式开始从家族企业向现代企业转型。

“安居尔”是克里木创办的第一家民族企业，主要经营民族餐饮和糕点，不仅在乌鲁木齐市有几家分店，而且在南疆和内地也设有分店，有些商人还加盟到这个企业品牌中。但是，凭着阿图什商人特有的商业敏感，在“安居尔”正处在企业的上升期时，克里木明显地感到了来自自己企业内部的压力，他觉得这种压力几乎要让企业走下坡路了。这是因为他的“安居尔”是个典型的家族企业，他有许多亲戚都在企业的管理层混饭吃，而且他们的素质参差不齐，不可避免地导致一些企业管理上的问题。

克里木痛苦地思索着，面临着艰难的抉择。是割舍亲情还是继续发展？他干脆放下了“安居尔”的日常管理，带着这些问题，他到内地和国外进行了一番实地考察。等他回到乌鲁木齐时，他明显地感觉到“安居尔”的管理一片混乱，问题成堆。

必须快刀斩乱麻，一刻也不能耽搁。他放弃了自己使用多年的“安居尔”品牌，将“安居尔”所有的店铺无偿地分给了亲戚；他重新申报了自己的企业品牌——“米拉吉”，成立米拉吉餐饮文化有限公司，将公司的业务范围紧紧地锁定在民族餐饮业上；他让那些有管理能力的亲戚继续经营“安居尔”的店铺，没有管理能力的亲戚则分别承包米拉吉餐饮的后勤供给业务。所谓的后勤供给，就是“米拉吉”自己不搞配菜，而是将配菜业务分包给亲戚，“米拉吉”与这些配菜的亲戚签订供货合同，按照合同规定的配菜质量付款结算。如亲戚提供的配菜不符合合同要求，则毫不犹豫地将其配菜业务分包给别人。他还聘请了一批其他民族的能人贤士管理

① 来源：新疆天山网 2005 年 8 月 8 日 10：05。

公司，使自己的企业很快步入正轨。

这些大刀阔斧的改革措施，很快改变了企业的面貌和亲戚之间的关系，以前躺在家族企业上混饭吃的亲戚，变成了与“米拉吉”同呼吸共命运，完全依靠自己经营的经营伙伴关系。他还创办了自己的烹饪学校，学员毕业后进入“米拉吉”企业，还有一大批被内地的餐饮业老板聘走，通过这些厨师，再向各地输出“米拉吉”独特的餐饮理念和文化。

精明强干的阿图什商人克里木·马木提，正在通过少数民族社会转型的云梯，使自己的米拉吉驶上现代企业管理的快车道。

（稿源：《新疆经济报》）

第二节　新疆伊合拉斯实业发展有限公司

据第 1 号访谈人（阿图什伯干村人，现是乌鲁木齐市某企业退休干部）讲：伊合拉斯公司是由阿图什兰干村的四个兄弟创办的。创业初期四兄弟先后在我国内地、中亚、俄罗斯、意大利、土耳其等国家和地区从事过各种生意，其中在欧洲等地干过“dollarqi”（兑换钱币）的事，后来大哥入了土耳其籍，等事业有了一定的发展后，四兄弟把资金合在一起，回到乌鲁木齐，在二道桥建造了 18 层的大厦，成立 khiran burkut xirkiti（雄鹰公司），开了伊斯坦布尔超市，并为土耳其一家公司做了代理后，开始自己生产绿色保健食品，自产自卖，现在其超市全疆有 90 多家分店。“他们挣了钱以后，并没有留在国外，而是回到了自己的祖国，为家乡的发展做出贡献。他们在自己的故乡阿图什兰干村出资钻了六口水井，并修了5—6公里长的防渗水渠。”

第 14 号访谈人（阿图什伯干村人，现是乌鲁木齐市个体商业者）讲：他和古德来提阿吉（新疆伊合拉斯实业发展有限公司开拓者也是现在法人代表的父亲）有来往。伊合拉斯公司 2006 年 1 月 3 日在华凌市场以迎新年，庆祝古尔邦节、春节为由举办了一次聚会“qya”，有自治区政府部门、克孜勒苏柯尔克孜自治州政府部门退休的一些老干部以及阿图什籍的各界有名望的人士参加。这家公司一方面要向社会各界致谢，另一方面“广泛”征求社会各界人士对他们企业发展的意见和建议。聚会时的主要活动就是让参加聚会的人“品尝”“试用”该公司的新老产品。此公司以前还举办过公司成立10周年的庆典、一家四胞胎孩子生日聚会（这家公司承诺要将此四胞胎赡养至十八周岁）。在这种聚会中，在乌鲁木齐有"脸面"的阿图什人都会被邀请，公司可以通过此种方式宣传"自我"，同时参加这样聚会的同乡人又会增加交流的机会，从某种层面上讲，这种聚会也会增强阿图什人的地域认同感。

2006年，文艺界著名诗人muhtarbughra举办个人文艺晚会时获得了"伊合拉斯"公司的赞助，但同时他们也获得了自己"广告宣传"机会。这也从一个侧面说明该企业与同乡人之间的联系与协助关系。

阿图什伯干村人吾拉木兄弟俩，"历经艰辛"创办了民办的语言技术培训学校——特别克学校，从创办以来，其办公点与教室都在伊合拉斯公司总部所在的办公楼里。不过，当笔者访谈该学校的负责人时，他们表示会在年内搬出去。

以下是该公司网页上的介绍：①

新疆伊合拉斯实业发展有限公司成立于2000年2月，注册资金800万元，穆斯林（清真）食品研发，生产和配送，连锁超市经营销售为一体的农业产业化龙头企业。

公司现有员工600多名，全疆设有860个连锁超市，6套全自动生产线，自制产品200多种通过国家和自治区有关部门的认定，同时还代理了世界三大品牌之一的土耳其"优客集团"休闲食品，巧克力、巧克力千层酥、饼干、糖果、口香糖及橄榄油等200多个品种，业务网络遍布新疆各地州、市、县及乡镇、团场，设有全疆各地50家批发点，拥有80辆配送货车，年销售额达2000多万元。

公司生产的名优产品有婴儿奶粉系列、全脂奶粉系列、营养粉系列、龙须酥系列、饼干系列、糖果系列及蛋糕系列60多个品种。产品在2003年乌洽会上获得了名优产品奖，2004年取得了自治区标准化协会符合标准信用产品称号。企业已获得ISO 9000质量体系认证及HACCP安全体系认证以及绿色食品标志的认证工作。

为了回报社会，公司还筹集200万元计划建立一所养老院。公司已收养了四胞胎，负责抚养他们完成学业。公司还十分关心失学儿童学习和孤

① 来源：http：//www. numxj. cn/web_ html/info/1901 –10/2/641/my/0. html。

寡老人生活，每年不定期地为他们送去学习用品和生活用品，每年为我市困难户送面粉、大米及木炭等实物，并在新疆大学建立了伊合拉斯基金会。

我们的事业口号是：雄鹰永远翱翔在美丽的天空！

第三节 乌鲁木齐安淇拉商贸有限公司

安淇拉公司的总裁是上阿图什依克萨克村人，据说与维吾尔族最早的工业资本家穆沙巴耶夫有亲属关系，因为维吾尔族现代教育的起点就在上阿图什依克萨克村并与穆萨巴耶夫兄弟的倡导直接相关，著名的维吾尔族现代教育的传播者——曾留学土耳其等国的买买提力先生于20世纪30年代曾在故乡阿图什创办了现代教育，并为此事业献出了年轻的生命（被当时的封建势力所迫害）。他与在阿图什为维吾尔族现代教育事业献身的一批人的事迹被人们尊奉为izqila。izqila，直译就是留下足迹的人，安淇拉是izqila这个词的音译。上阿图什人"标榜"自己的故乡依克萨克是新疆最早引入现代教育的地方，也是新疆足球运动的开创地，所以他们比下阿图什人更加注重教育、注重体育运动；下阿图什人则多注重商业，而安淇拉公司选择企业名字是定位在文化教育事业的开拓者这个层面的隐喻上，可以说把地域认同观念糅进了这个企业名称与公司理念中。

这家公司可以说是中国改革开放以来最早由阿图什人开办的企业，但生意曾一度不景气。以企业带动文化事业是这个公司的宗旨，因此，该公司自2000年开始，在喀什市开办了一个足球班，招收了31个9岁的孩子，现在他们已经14岁了，已参加过疆内疆外的一些足球比赛。公司每年给这个足球班投入十几万元。从2007年开始，公司决定在阿图什市再开一个这种足球班。2001年以来每年的3月21日（维吾尔族传统的诺茹孜节）、十一国庆等节假日在阿图什举办传统体育竞赛，主要的项目有摔跤、足球、斗牛、斗羊。2007年3月21日在阿图什举办南疆范围内的体育比赛，这些比赛虽然都要收取门票费，但每次都不能收回该公司所投资本（据公司总裁讲，这主要是因为南疆地区农民生活水平普遍比较低）。2006年安淇拉公司在阿图什市投资一百万元修建了一个体育场。

安淇拉公司2005年10月在阿图什州一中举办了第一届安淇拉杯足球

比赛，目的在于庆祝国庆节及克孜勒苏柯尔克孜自治州一中建校50周年，通过这项比赛一方面增加企业的宣传力度，另一方面象征着为自己的故乡“办了一些事”。

附录：新疆乌鲁木齐安淇拉商贸有限公司简介①

安淇拉商贸有限公司的前身于1992年做地毯生意开始，和田现有两家地毯出口厂。职工人数达500人，年交易额超过210万元。1996年扩大为出版发行杂志、音像制品，全疆共有25个连锁书店，共有职工40人。只在乌鲁木齐点的售书量就超过30万元。1999年建立食品加工厂，职工人数达60人。2001年正式成立乌鲁木齐安淇拉商贸有限公司。公司已成为食品深加工为主，集民族工艺品贸易（地毯等）、园艺、图书、杂志、音像制品出版发行为一体的综合实体。公司成立以来始终参加乌鲁木齐对外经济贸易洽谈会，并获得“名优产品”和“最优品牌”等荣誉。在消费者心目中已成为信用企业。在南疆造园林、开畜牧市场，为农民群众带好头，为南疆的经济发展做出了一定的贡献。

安淇拉公司以崭新的理念，现代化的企业标准和要求不断成长，支持教育界、体育界、帮助受灾地区、在军民团结方面做了不少工作，展示着安淇拉精神。在这次庆祝国庆节及克孜勒苏柯尔克孜自治州一中建校50周年纪念日，在克孜勒苏柯尔克孜自治州阿图什举行了全疆“安淇拉杯”足球赛。我们相信，安淇拉公司不辜负党和人民的希望，真正成为民用企业的先锋。

个案：

Akhyol饭店举办的同乡联谊会

据第45号访谈人（新疆医科大学在校大学生，阿图什翁艾日克村人）讲：2005年4月，Akhyol饭店举办了一次同乡联谊会，给来做客的阿图什籍各界人士送了礼物：男士送了阿图什人的绿色花帽，女士送了围巾。这次同乡会的全部过程还制成了VCD视盘。

---

① 来源：安淇拉公司网页，http：//www. izqilar. cn/han/tan. htm。

yuksek 拖鞋厂

据第1号访谈人（阿图什伯干村人，现是乌鲁木齐市某企业退休干部）讲：yuksek（超越）拖鞋生产厂，总厂址在乌鲁木齐市赛马场附近，这家拖鞋公司在乌兹别克斯坦撒玛尔汗省建立了“urkip pona miski”分厂、俄罗斯 tora 市建立了 ulgha 分厂。公司总裁是阿图什伯干村人。这家公司五年来给伯干的贫困户捐助了1万至1.5万的现金；2007年准备为修建伯干村柏油路资助4万元；2006年该公司员工患了肿瘤，公司资助了1.5万元；2007年3月初，公司为了资助乌鲁木齐市的贫困学生，给有名的募捐人士——新疆石油学院的副教授热汗女士送去了5000元，由该女士负责送达贫困学生手里。据该公司统计，他们每年捐助的资金达8万元左右。

第九章　对阿图什人地域认同观念产生根源的探讨

“社会事实”是从迪尔凯姆学说里引入的概念，笔者通过这一概念的引入想概括性地尝试说明：塑造今天阿图什人合理的（而非病态的）社会行为与观念系统的所有因素。当然，这也成为本书因果性探索与阐释的必然（这一部分是地域认同观念形成的“因”，而对乌鲁木齐市阿图什人的社会交往实践的经验描述是地域认同观念形成的“果”），“社会事实”是一个庞大的“领域”，所以笔者深知自己无力驾驭它所触及的方方面面，只能是笔者的知识结构结合实际调查所“感知”到的几方面。根据迪尔凯姆的定义“社会事实”，是“一切行为方式，不论它是固定还是不固定的，凡是能从外部给予个人以约束的，或者换句话说，普遍存在于该社会各处并具有固有存在的，不管其在个人身上的表现如何，都叫作社会事实”。① “这一界定包含了社会事实区别于个体（或心理）现象的三个突出特征。首先，社会事实对于个人来说是外在的，即它具有客观性。迪尔凯姆认为像法律、风俗习惯、道德规范、宗教信仰和仪式、语言和货币制度这些社会事实都独立客观地存在于个人意识之外。其次，它对个人有约束力。最后，它具有普遍性，这种普遍性来自集体的属性，由‘集体’强加于个体，而不是来自个体事实的总和。”② 迪尔凯姆提出了解释事实的两大原则：“一是社会事实必须根据别的社会事实来解释；二是社会事实的完整解释必须包括因果分析与功能分析。”③

基于上述这些认识，笔者通过关注离开母土（在乌鲁木齐）的阿图什

---

① ［法］迪尔凯姆：《社会学方法的准则》，耿玉明译，商务印书馆 1995 年版，第 34 页。

② 侯钧生：《西方社会学理论教程》，南开大学出版社 2002 年版，第 39—40 页。

③ 侯钧生：《西方社会学理论教程》，南开大学出版社 2002 年版，第 43 页。

人“社会行动”所呈现出的“集体性”（当然这种“集体性”是先于个体的“社会事实”“施加于”大量的个体后所造就的“部分社会事实”），来探讨造就“部分社会事实”的“社会事实”，也就是通过“果”来探“因”，如果用人类学的学科命题来表述此论题就是：“要探讨观念与行为之间的关系”，我们所说的“果”（或部分社会事实）＝行为＝在乌鲁木齐市的阿图什人社会交往现实，我们所说的“因”（或社会事实）＝观念＝在乌鲁木齐市的阿图什人地域认同观念的实质内容。那么，我们如何把握“观念”的实质内容呢？笔者认为，最便捷的途径就是找出造就阿图什人具有典型性“社会事实”的直接促成因素。根据笔者的实地考察，这些典型性的社会事实就是离开母土的阿图什人很“团结”（抱团）、历来各种人才辈出的主要促成因素。维吾尔族历史上的四个“第一”都在阿图什这个地域产生（一是伊斯兰教的传入；二是现代教育的开始；三是民族工业的引入；四是足球运动的引入）。这四个“第一”都与明确具体的历史人物相关，伊斯兰教的传入与喀拉汗王朝的皇帝苏里坦·苏图克·布格拉汗有关，而现代教育、“启蒙”及民族工业、足球运动，则与穆沙巴耶夫开办的皮革加工厂与伊克萨克学校有关。这四个“第一”是阿图什人最为自豪的“资本”，这四个“社会事实”如果从“民族认同”这个层次上来关注，那么它们对整个维吾尔族历史的发展产生了很大影响。然而，笔者由此引起的思索是：为什么这四个事件都会集中在阿图什这个地域？而不是在喀什、莎车或是伊犁？这些城市当时也起着政治、经济、文化中心的作用。什么因素导致这样一种结果？笔者带着这些疑问进行了较长时间的探索与思考，最终有了一些不尽成熟的心得与认识，就是说，可以从以下几方面进行探讨：（1）文化十字路口——阿图什的历史文本与地域；（2）离开本土——恶劣的生境导致的生存欲念；（3）与“他”者的互动——地域文化的再生产。

第一节　文化十字路口

——阿图什的历史文本与地域

一、阿图什人的历史遗产

阿图什人在别的地域人面前最为自豪的就是历史上不断涌现的杰出人物，正如第 34 号访谈人讲的：“别的地域的人想弘扬自己的历史也没有东西可弘扬。”大部分阿图什人对阿图什的“历史”都很清楚，有很多历史遗产或者说是“文化资本”，对当前阿图什人的地域认同观念与“社会行动”产生着深刻的影响，即历史人物、历史事件、文化遗迹——麻扎。这些遗产成为当前建构阿图什人自我认同的根本，是先于阿图什人存在的社会事实，也是必为真正的阿图什人所熟知的“知识系统”。

这一知识系统包括阿图什历史上一批杰出人物、人物的坟冢（麻扎）及其流传于民间的种种传说。其中影响较大的有：苏图克布格拉汗——通过王权传布了伊斯兰教；苏图克及其后裔在传播伊斯兰教过程中“殉教者”的麻扎，这种麻扎在阿图什阿扎克乡买谢特、提坚、伊什塔其、托库尔、塔格提云以及阿湖乡等村落比较集中（这种殉教者的麻扎除阿图什之外，在南疆喀什到和田各地零星分布①），各种神圣之地如阿湖乡的“koxkhar atam（公羊之父）”。笔者认为，这些麻扎与神圣之地对阿图什人的精神世界产生影响。首先它们会强化人们所谓的“阿图什地域神圣性”这一思想，进一步增进人们的地域认同感。除此之外，流传于民间的相关麻扎的人物事迹，会对阿图什人观念领域之“如何做人”的价值观念产生直接影响。阿布都热依木·阿西木著《阿图什》一书收集了很多喀拉汗王朝之后出现的很多对本地域有贡献的人物，他们大多是学识渊博的宗教学者及麻扎、清真寺的主持人，还有与喀拉汗王朝贵族直接相关的一个家族后裔及世袭表（笔者曾在前文提到对一位后裔进行过访谈）。提到一个官

---

① 热依拉·达吾提：《维吾尔麻扎文化研究》，新疆大学出版社 2001 年版。

僚家族，他们的“社会势力”在阿图什的买谢特仍然存在。除此之外就是近代维吾尔历史上的三阶段启蒙运动——阿图什的现代教育事业。其中有影响的人物有上阿图什的穆沙巴耶夫家族（他们当时从德国引进最先进的皮革加工设备在伊犁办了工厂，最先在阿图什引进现代工业的人还有塔西阿洪·艾则孜，他同时也倡办了新型教育）、阿布都哈德大毛拉、买买提力托皮克先生、吐尔逊先生、热依莱·毛拉大姐、安尼瓦尔先生；诗人、思想家胡赛音·台介里等一批批前赴后继的人物。在教育启蒙运动的影响下，产生了一批对新疆近代政治、经济、文化领域影响举足轻重的人物：其中著名的有教育家阿布都热合曼、戏剧家哈斯木江以及著名学者阿布都秀库尔·买买提明（有人把他等同于《突厥语大词典》的作者马赫穆德喀什噶里与《福乐智慧》的作者玉素甫·哈斯哈吉甫，称此人是他们之后的“著名学者”）；著名的伊斯兰学者穆罕默德·萨里郝等。更让人惊奇的是，生于伊犁的著名作家祖农卡德尔、生于哈密当前在维吾尔人中享有盛誉的作家阿布都热依木吾铁库尔两人的祖籍都是阿图什（据第21号访谈人提供）。正如《阿图什市志》统计：“阿图什为国家输送了1名国家级，3名省部级，50多名厅局级，近300名县处级干部（据说现在这一数字到了1000多人），还有200多名教授①、副教授级知识分子及一大批中级知识分子。这些人物无论主籍和客籍，都在阿图什市各族人民群众中有着广泛的影响。”

总之，对于新疆维吾尔族来说，阿图什的历史遗产造就了“太多的第一”，可以归结为最先信仰伊斯兰教（由此事件引起的第一个伊斯兰王朝——喀拉汗王朝）、第一个现代教育启蒙、第一个现代工业的引进、最先开始的现代体育事业，甚至电影与戏剧业也最先是由阿图什人引进并发展的。

当然，这种先于阿图什人的社会事实，除增强当今阿图什人的地域认同之外，对当前阿图什人社会行为的影响有更多微观“领域”，对阿图什人如何“做人”、如何为人处世等价值观念影响是直接深刻的。可笔者薄弱的学识只能对此“望洋兴叹”。还好，为了建构阿图什的历史，很多阿图什籍知识分子已经或正在努力地建构这一知识系统，下文中笔者会提到其中的一部分，对此感兴趣的“他者”可由此“循序渐进”。

---

① 据说现在阿图什人当中有教授职称的人达到了300多人。

二、阿图什的历史文本

笔者通过调查发现，当前阿图什人尤其是知识分子总是把自己的祖先、把阿图什这个地域同辉煌的“过去”相维系，而且也在努力地建构这一知识体系。近几年出版的以“招商揽资”为目的的政府文本，如《西部商都——阿图什》，也在做同样的努力。其中有一些观点与说法是笔者无力求证的（为此笔者认真探寻了一些可靠的历史典籍，但是没有找到这些文本的可靠出处）①，所以笔者“谨慎”地探讨了这些“历史文本”中的叙述。

比如：（1）阿图什人的祖先就是中亚历史上不断传播文明的商人“群体”——闻名遐迩的“粟特人”；（2）古疏勒城址在今阿图什境内；（3）喀拉罕王朝东都古址就在今阿图什境内；（4）古城“碎叶”——八拉沙衮古址在今阿图什阿湖乡；（5）阿图什人的祖先同喀拉汗王朝皇帝苏图克·布格拉汗出生的部落（产生喀拉汗王朝著名将领与贵族的部落）是同一个部落。

但笔者不否认历史上粟特人对阿图什产生的影响，一直到近代清朝驻喀什官员封闭关卡时，还在南疆各地安置了很多中亚“浩罕”商人，当时在阿图什一带也有安置②，现在所认为的疏勒古城遗址其实在阿图什南部库鲁克山以南和喀什市属的 bexkirem 乡为邻。依笔者的浅陋之见，从当前的地形地貌和自然条件来看，阿图什当地很难有孕育“大都市”的可能（古代的大都市一般都是以大的河流、平原为基础而产生的），而且据可靠的地质研究显示，新疆的基本地貌形成于 70 万年前。成书于 11 世纪的《突厥语大词典》记载：“喀什有两个乡，一个是上阿图什，一个是下阿图什。”③ 这说明阿图什与古代疏勒城的依属关系极为密切。此外，关于喀拉汗王朝的东都的确切位置，有几个“有力”证据：一是“苏里坦苏图克马扎”、分散在下阿图什与阿湖乡的零星的有关喀拉汗朝将领的马扎、民间

① 笔者在此提出此事，可能会招致很多阿图什人的不解，但笔者在此想强调学问、真理不能掺有情感。

② ［日］佐口透：《新疆民族史研究》，章莹译，新疆人民出版社 1986 年版。

③ 麻赫默德·喀什噶里：《突厥语大词典》维文版，新疆人民出版社 1980 年版，第 128 页。

有很多有关苏图克·布格拉汗和其宫廷的传说，还有与宫廷方位相印证的现存村落、地名。[①] 民间有很多传说“证实”有关苏图克·布格拉汗早年在今买谢特、阿湖一带接受伊斯兰教的事实及与此历史事件相关的很多地名，其中买谢特附近的 yeryutti（被地吞咽）一地名，就是苏图克刺杀并掩埋不信教的叔父奥古尔恰克之地。笔者依此推断，布格拉汗可能在买谢特一带建过宫廷。历史学家库尔班·艾力在他的《五部长诗史》里记载：“回历 842 年（1457），离喀什 2 个塔西（一种长度单位）‘别尔萨江城’被毁，其废墟上建起了阿图什。别尔萨江城曾是官府所在地。”[②]

有关阿图什地方历史人文的维吾尔文版历史题材文献主要有：《阿图什》《苏图克·布格拉汗》《侯赛尼亚精神与塔克拉玛干的苏醒》《赛福鼎回忆录》《布格拉汗世系》《阿图什民间故事》《喀什民间故事和传说》《穆沙巴耶夫兄弟》《买买提里先生》《野火》（旷野里的篝火）《维吾尔现代教育的摇篮——上阿图什》《阿湖与阿湖人》《有关 hanoy 的思考》《关于 tehtiyum》[③]《塔夏洪和他的后裔》《火炬》《阿图什的民间故事与传说》等一系列著作、文学作品与论文。

上述作品因其中多数是对历史进行了“艺术”化的“处理”，虽然有学者极力论证“艺术地再现历史”的必要性，但笔者认为历史小说不能成为严肃的“历史文本”。

《阿图什市志》附录《旧史志典籍有关阿图什的资料》中编撰者收录了历代（主要是清代）有关阿图什的“确凿”的历史文献，这些文献有成书于 11 世纪的《突厥语大词典》、清朝时期的《西域图志》《伽师乡土志》《新疆图志》等史志，但这些文献中有关阿图什的记载内容非常少。另外就是成书于 1908 年的《伊米德史》，也仅在一处提到喀什有两个以阿图什命名的村落。除此就找不到有关阿图什的文献资料。这在某种程度上说明近年来阿图什籍知识分子积极投身于营造阿图什“历史文本”的事实。

---

① 阿布都热依木·阿西木：《阿图什》，喀什维吾尔文出版社 2005 年 4 月版。

② 阿布都热依木·阿西木：《阿图什》，喀什维吾尔文出版社 2005 年 4 月版。

③ 阿布都热依木·阿西木：《阿图什》，喀什维吾尔文出版社 2005 年 4 月版。

三、阿图什的地域——文化十字路口

（一）古代商道上的阿图什（图 3）

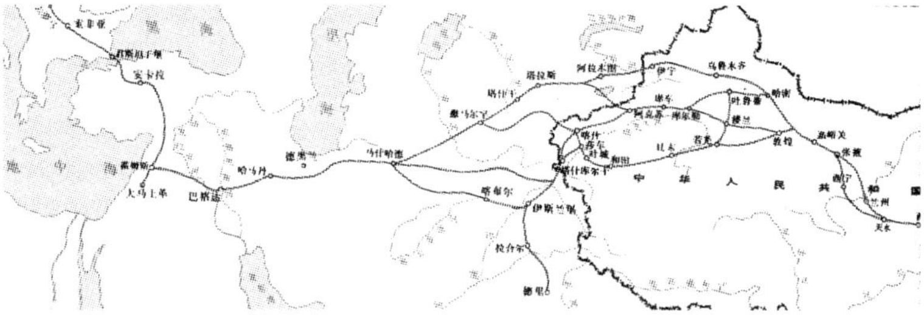

图 3　丝绸之路示意图

关注中国西域历史的学者一般把帕米尔高原地区形象地称为“亚洲腹地之十字路口”，而历史上“葱岭”以东真正得此称号的应是古之“疏勒”及其附近的阿图什，尤其是今之上阿图什，因为连接中亚费尔干纳、撒玛尔罕等地的重要关隘“伊尔开什坦”（irkextam 民间也称 simhana）就在古代之“疏勒”境内，而连接这里的道路就要途经上阿图什。上阿图什在历史上起着“迎接”来自中亚地区的商旅的塔里盆地的第一个“接待站”和“送走”中西使节、商人、朝圣者的最后“绿洲”的作用。这里是中国历史上与广义的“西域”相衔接的最活跃的一个“绿洲”，此种情况一直持续到清朝“封关”，但即便是清政府封关时期，这里仍是“安集延”商旅频频出现的重要商埠。① 因此，上阿图什的这种特殊的“历史地理位置”给生活在这里的阿图什人带来了特殊的历史机遇与使命。

丝绸之路在汉魏时期今之新疆境内有三条道路都汇集于古“疏勒”，从今之伊尔开什坦越“葱岭”后，隋唐后又在今“新疆”境内新增三个“关口”，分别是今之塔什库尔干、阿克苏附近之别迭里山、伊犁。但“疏勒”仍是历史上丝绸之路的重镇。②

---

① 左口透：《新疆民族史研究》，章莹译，新疆人民出版社 1986 年版。

② 邹逸麟：《中国历史地理概述》，福建人民出版社 1993 年版，第 228—232 页。

阿图什正好就在这个商道要冲上，是联结中亚（葱岭以西）的首站，至今有两个通往中亚地区的重要口岸（伊尔开什坦和图尔嘎特），而这些道路的必经之地都是阿图什。古代商旅进入和离开疏勒的第一站都是阿图什，又如前文附录中提到《伽师乡土志》中记载了经下阿图什的两条去俄国的道路。民间有很多有关中亚的商旅在阿图什尤其是上阿图什“歇脚”的传说。

据传932年波斯萨曼尼王国伊斯迈尔国王的弟弟艾布·纳斯尔·本·曼苏尔和他的驼队经中亚地区，来到了上阿图什喀依拉克村以西的恰尔齐附近的恰克玛克河畔落脚。①

据《哈比布艾吉目传》记载：苏菲大师“xeyih”（帅海）哈比布艾吉目1232年从伊拉克率领40余遵从者在上阿图什伊克萨克建立了清真寺。②民间有很多关于从中亚等地区迁来在阿图什各乡村清真寺当神职人员的传说。

（二）多元文明的见证

上阿图什境内的“三仙洞”与下阿图什的莫尔佛塔都是佛教文化遗迹。莫尔佛塔的建立好像是在公元前后，而三仙洞的建立则是在200年左右③，是多元文化的见证。笔者在2001年在阿图什做维吾尔族萨满教遗存调查时，在翁艾日克、买谢特、硝尔鲁克、阿湖等乡村都找到了“巴克西”与“大罕”等萨满教“神职”人员，他们在阿图什民间有一定的“市场”（有一部分人“驱病攘邪”要找他们），这说明虽然阿图什人有浓厚的伊斯兰教信仰，但非伊斯兰教的宗教遗存依然存在。从中我们可以看到一个不可忽视的事实是：这一地区的文化多源、多样（元）的特性。

在今阿图什市境内，尤其是在阿扎克乡库木沙克村西南“hanoy”（直译是皇宫）——古“疏勒”城遗址发现的大量古西域各国钱币等文物，是这一地区古代多元文化汇聚的有力见证。④

当前，阿图什是克孜勒苏柯尔克孜自治州的首府，据很多访谈人的说

---

① 《火炬》，1985年阿图什依克萨克村在举办纪念维吾尔现代教育起始百周年时的内部资料。

② 阿布都热依木·阿西木：《阿图什》，喀什维吾尔文出版社2005年4月版。

③ 中共阿图什市委员会、市政府：《西部商都阿图什》，新疆人民出版社2002年版。

④ 中共阿图什市委员会、市政府：《西部商都阿图什》，新疆人民出版社2002年版。

法，在近代历史上阿湖乡与硝尔鲁克村最早与柯尔克孜族有交往，尤其是硝尔鲁克村一直与柯尔克孜族进行农产品与畜产品的对换贸易，在“下阿图什人”眼里，阿湖乡的很多风俗与柯尔克孜族人相似，这就证明阿图什地区曾是农耕文化（阿图什人）与游牧文化（柯尔克孜人）相互交融的地区。

我们从以上的“事实”与历史文本中可以看出，阿图什与古代“疏勒”“喀什噶尔”的重要依附关系，并因在重要的交通要道之原因，阿图什是历史上多元文明交流融汇的前沿阵地。这种多元文化、文明的见识开阔了阿图什人的眼界，在他们的观念里积累了更多有关“他者”“异域”的信息与认知，而这些知识系统成为他们积极采纳外来事物、形成到异域“闯荡”的思想与意志的根源。

第二节　离开本土

——恶劣的生境导致的生存欲念

在谈论为什么阿图什人善于经商时，阿图什人自己总会提到“人多地少，耕地都是沙石地，不去经商，无法谋生”。然而没有一个访谈者给笔者谈论过关于自然灾害的问题，后来笔者查阅文献，发现阿图什的自然灾害原来是那么频繁。阿图什的自然环境是非常恶劣的。可以说频繁的自然灾害是迫使阿图什人弃农经商的最根本的原因之一，这也是使阿图什人最早离开自己的家园，走南闯北，寻求谋生之道的主要原因。自然灾害也迫使阿图什人形成了敢于冒险、投资、面对现实、吃苦耐劳、坚韧、豁达的精神。笔者认为，这种精神产生的根源同阿图什的自然地理与频繁的灾害有很大关系，因为在阿图什人的观念认知中灾难是不可避免的也没什么大不了的（不像一些人有了一点损失就会一蹶不振），财产仍然可以积累。

笔者曾到伯干村一个在吉尔吉斯做生意的亲属家里，他们家就在去邻村的路边，门口放了一些草席（一般是从一千多公里之外的焉耆县拉来的）和盖房用的材料，笔者问这些东西不会被外人顺路拿走吗？那亲属说也会拿走，但没几个钱也没关系。他们家的摩托车也经常被别人借走很多天才还回来，听说还有一次他们去参加一个婚礼时，家里后院着火了，小孩子们急着跑来报告，他可不怎么急着去扑火。总之，通过这些事情笔者觉得阿图什人不像外地人说的对财产得失看得很重。

一、阿图什历史上的“天灾与人祸”

天灾指的是“自然灾害”，而人祸指的是“战乱”。

有关在阿图什发生的战乱，唯一有明确历史线索的是20世纪30年代发生在阿湖乡有关马仲英同和加尼亚孜阿吉的战事，据说死了很多人。但笔者认为对阿图什人影响最大的还是要属自然灾害。

历史上发生过几次特大的地震及洪涝灾害，大的自然灾害有：古尔班阿吉艾力阿吉哈力丁著的《东方史》记载，1438—1439年在阿图什发生的特大地震使古萨尔衮城变为废墟，人们死伤无数，而布格拉汗在内的“王族陵寝”也在废墟中失修达60年之久。[①] 另据“可靠”的历史资料，在11世纪，下阿图什在一次洪灾中“完全被毁”。另据伊米尔侯赛因卡扎吉木著的《喀什的历史事件》记载，1270—1271年，阿图什买谢特等地遭遇洪灾，洪水持续35天之久，使这一地区完全变成荒凉戈壁。也就是在这一次的洪灾中现今的买谢特、提坚、波牙买特等村落得以分离，形成了今天的基本地形。这些灾难给阿图什人留下了什么样的历史记忆，是值得深思的。很多事件都变成了凄惨的民间歌谣及民间传说，其中著名的有歌谣“坎班尼莎”，讲述一个农妇的孪生子女被洪水冲走后，悲痛的母亲“寻子”的故事。

为了证实阿图什的自然灾害情况，笔者依据《阿图什市志·大事记篇》统计了20世纪初至1994年的基本情况（见表4）。

表4　1902—1994年阿图什境内发生的自然灾害

时间	灾害类型	灾害影响
1902年 8月22日	8.25级地震	著名古迹苏里唐麻扎陵室围墙倒塌，民房倒塌万余间，山体崩塌，死亡近千人，是一次大的地震
1934年5月	战乱	马仲英与和加尼牙孜在阿湖乡激战
1935年春	特大风灾	玛依丹至库鲁木都克十户牧民毡房被刮走，农区情况不详

① 阿布都热依木·阿西木：《阿图什》，喀什维吾尔文出版社2005年4月版，第88页。

续表

时间	灾害类型	灾害影响
1939 年冬季	疫病（肝炎）流行	吐古买提肝炎流行，疫病持续一年多，死亡人数较多
1944 年 6 月 12 日	洪灾	博古孜河突发洪水，沿岸田园街房均被冲毁，县政府机关驻地被淹，县政府的大印和全部档案被水冲走，死亡 300 多人。阿孜汗村有一家七口人和房屋一起被水冲走
1945 年	洪灾	阿图什县上阿固什乡发生洪水，淹没农田，冲塌房屋无数，3000 多亩农作物受灾
1952 年 8 月 19 日 10 月 9 日	洪灾 风灾	博古孜河发生了特大洪水，县政府迁至塔格提动村，秋粮作物损失严重
1954 年 11 月 27 日	风灾	全县遭到飓风袭击
1955 年 4 月	雪灾	阿图什县七区连下三场大雪，草场全部被大雪覆盖，死亡大畜 520 头，大畜羔 286 头，损失小畜 5427 只，小畜羔 11557 只，共计死亡牲畜 17790 头（只）。州县共拨救济款 17000 元，重点解决 363 户农牧民的生活困难
1959 年 7 月 12 日	冰雹、大雨	哈拉峻公社吐古买提大队遭受冰雹和大雨袭击，造成严重灾害。冰雹积地约有 20 厘米厚，打死山羊 34 只，洪水冲毁农作物 104 亩，并冲走 1 人
1960 年 2 月	流行病	牧区发生流行性牲畜鼻肿、拉痢、肝虫、黑肺等病，县国营牧场和哈拉峻公社死亡大小牲畜 1100 多头
1961 年	旱灾	阿扎克公社
1963 年 5 月 21 日	冰雹	阿湖、阿扎克、松他克三个公社降核桃般大的冰雹，砸死牛一头
1964 年 3 月 18—30 日 5 月 21—24 日 8—9 月	风灾洪灾 流行病（霍乱）	全县刮下两次 8—9 级大风，格达良公社风灾、碱灾严重，全社 21239 亩冬麦有 15855 亩受灾，占冬麦面积的 73.5%。全县连降暴雨，倒塌民房 399 间，死 2 人。阿图什县部分地区发生霍乱，发病 453 人，死亡 32 人

续表

时间	灾害类型	灾害影响
1968 年 8 月 23 日	雪灾	阿依勒克夏牧场在人畜转场途中，因大雪封山，死 11 人
1975 年 4 月	雪灾	4 月，因早春持续降雪，阿图什县发生历史上罕见的雪灾，农区积雪深达 0.8 米，牧区达 1.4 米以上，全县农牧业生产遭受严重损失
1976 年 2—3 月	雪灾	阿图什县农牧区连降大雪，农区积雪 80—90 厘米，牧区积雪 1.4 米，公路交通中断 3 天，大小牲畜死亡 3884 头，母畜流产 1160 头
1977 年 3—4 月	流行病	吐古买提公社发生流行性感冒，3 月 17 日—4 月 6 日，仅玛衣丹大队就有 100 余人患流感，7 人死亡
1978 年 3 月 16—23 日	雪灾	阿图什县牧区连降大雪，地面积雪 1—2 米。县城通往牧区的道路一度中断。损失牲畜 32024 头，死亡 4 人，伤 2 人
1979 年 4 月 10 日	风灾	阿图什县克达良公社刮 10 级大风，部分农田被盖上 10 厘米厚碱土，麦苗受到严重损伤
1980 年 5 月 15 日 9 月 3 日	冰雹洪灾	阿湖、格达良公社遭受冰雹袭击，11083 亩农田受灾。吐古买提、阿湖、上阿图什公社普降暴雨。博古孜河、恰克玛克河水猛涨，发生自 1966 年以来最大洪水灾害，河水流量由过去的 1.5 个流量猛增到 450 个流量。两小时内托喀依水库就进水 2000 万立方米。阿湖、阿扎克、松他克、上阿图什和格达良五个公社的 26 个大队受灾，洪水冲毁库容 60 万立方米的小型水库 1 座、25 千瓦的小水电站 1 座，损失约 150 万元
1981 年 2 月 20 日	4.8 级地震	吐古买提公社以东发生 4.8 级地震
1984 年 5 月 14 日 6 月 15 日 11 月 3 日	雨灾 霜冻 风灾	因连日降雨，县曙光小学三年级一班教室屋顶塌落，压伤学生 15 名，其中重伤 4 名。吐古买提公社天气突变，气温急剧下降。出现严重霜冻，903 亩苞谷被冻坏。全县遭受十级以上大风袭击，损失粮食 80500 余公斤，刮倒电线杆和电缆杆 301 根、电话线杆 641 根、广播线杆 48 根、树木 2230 余株

续表

时间	灾害类型	灾害影响
1985 年 8 月 23 日	地震	乌治县发生 7.4 级地震，波及阿图什县上阿图什乡，有 446 户受灾
1988 年 8 月 9—10 日	冰雹、暴雨、洪水	松他克、阿扎克、阿湖、上阿图汁、哈拉峻、吐古买提六个乡先后遭受受冰雹、暴雨、洪水的袭击，损失严重，共冲毁玉米 1385 亩，水稻 738.5 亩，损失粮食 35000 公斤，还冲毁了一些果园、林地、桥涵、道路、水渠、水利设施，经济损失约 250 万元
1990 年 3 月 12 日 3 月 21 日 5 月 16 日 9 月 2 日	火灾、雪灾 小麦锈病	工贸市场发生大火灾，损失 307 万余元。阿图什市牧区遭受特大雪灾。冻死牧民 1 人、冻伤 1 人，死亡牲畜10 289只（头）。阿湖乡发现小麦锈病，面积达 3000 余亩。以后其他乡也有发现，全市总计锈病面积达万亩左右。锈病较轻的土地减产二成左右，严重的减产五成左右。克达良乡旱灾严重，托喀依水库干涸。2000 亩秋粮，1700 余亩甜瓜和万亩棉花因缺水而减产。全乡一万多人口的生活用水和五万头（只）大小牲畜饮水面临困难
1992 年 11 月 4 日	火灾	轧花厂火灾损失达 306.6 万元
1994 年 5 月 29—30 日	风灾	阿图什市遭受多年罕见的大风袭击，8000 亩棉田、720 亩玉米、4070 亩小麦受到不同程度的损失，共损失 355.46 万元

二、阿图什人去了哪些地方？做了些什么事

（一）经　商

阿图什是丝绸之路上的重镇，历史上商旅往来不断。因此，阿图什人长期受这些商旅的熏陶，形成了注重商业的传统，因没有确切的文献记载，笔者很难说清楚古代阿图什人去过哪些地方，但就 19 世纪末 20 世纪初的情况来说，阿图什商人的足迹可以说遍布世界各地。

外出谋生是阿图什人走出自己家园的主要原因，正如前文所述恶劣的自然环境致使阿图什人不断地离开家园，近代很多阿图什人到了安集延、

撒玛尔罕、塔什干等中亚地区从事各种行业，有的做了建筑工人，有的给地主做了长工，有的在饭馆里跑腿，可以说找到什么活就干什么活，有的发迹了，有的没落了，他们在不同的时代拓展了阿图什人对异域的认知。纪念维吾尔族现代教育建立100周年大会上出的文集《火炬》中讲到阿图什的一位建筑大师小时候在安集延一带当建筑工人的经历。

（二）朝　觐

朝觐是伊斯兰教五大功修之一，要求经济（有足够的金钱）与社会条件（没有拖累的近亲）允许者，一生必须要到阿拉伯麦加、麦地那朝觐一次。这一原因促使当时的有钱人朝觐（因限于当时的交通条件，历史上一直都是当地富有者才能去朝觐），朝觐是阿图什人与外界接触并导致一部分阿图什人“走出去”的部分原因。朝觐路途除经安集延、撒玛尔罕之外，沿途要经过今之伊朗、伊拉克，直至沙特阿拉伯。

（三）求　学

另一个导致阿图什人接受异域文明经久不衰的原因是求学，阿图什人的宗教学者除去就近的安集延、撒玛尔罕、塔什干等地之外，在世界主要的伊斯兰文化中心伊拉克的巴格达、埃及的开罗、土耳其的伊斯坦布尔、叙利亚的大马士革、印度的德里等城市都有阿图什籍伊斯兰教学子的身影，这种状况一直延续到20世纪三四十年代。

（四）拓　荒

阿图什人除朝觐、求学、商旅等原因走出阿图什之外，还有相当数量的拓荒者遍布北疆各地，这些拓荒者从近代19世纪中叶开始走出阿图什，其迁移特征是以家族、村落为核心的迁移方式，每个地区有不同村落去的阿图什人。笔者曾访谈到额敏县一位参加过三区革命已84岁高龄的人，他是1939年从阿图什伯干村经伊犁走了60多天去的额敏县。当时，此人的父亲与哥哥在那儿已近十年，母亲却在阿图什留守了十几年，到目前为止他本人在额敏县已生活近七十年了。

据第12号访谈人讲：阿图什人在塔城、伊犁、西湖都有自己聚集的村庄，伊犁有 tijian kuqa 提坚街、格达良村、托库尔村，西湖有兰干村，额敏县有塔格提云村。

另据米·色依提等著《买买提里先生》载，阿图什人当中流传着这样的笑话：伊犁是提坚人的、绥定是阿扎克人的、博乐是波牙买特人的、哈密是翁艾日克人的、焉耆是依什提其人的……

第三节　与“他”者的互动

——地域文化的再生产

一、村落的边界

每个村落都有各自的疆界，这个疆界除自然地理的隔离所造就的“自然村落”之外，还有文化的疆界，其最为典型的表现，就是每一个村落都有自己的“绰号”。这些绰号的由来一部分根据该村落主要从事的“经济类型”“集体性格”之外，还会以该村的人在“历史”上所做过的“相对外村人的离奇古怪”的事情。如伯干村人被叫作“tiriqi”，意为熟皮子的，上阿图什人每个村落之间都相互以不同的绰号区分，而这种疆界强化了村落的认同。

二、社会行为与社会“标签”

村落部分人的个体行为会成为评价这个群体的一种社会“标签”。

（一）硝尔鲁克人——“pokh oghursi”（“偷粪贼”）

把硝尔鲁克人称为“pokh oghursi”（“偷粪贼”），之所以这么说，主要是因为在人民公社时期，农民种田用的“农家肥”不够了（当时又没有足够的化肥流通），就从各个厕所收集。一般在农村很少有公共厕所，而公共厕所多在各个单位里。自治州成立后，州政府与大多数行政事业单位正好“落脚”于硝尔鲁克乡的一部分地盘上，自然在硝尔鲁克人看来，这里的“街道”等“财产”应由本村人做主，那公共厕所里的“粪便”更轮不上外村人了。外村人好不容易“摸黑”在夜晚想趁硝尔鲁克人入睡时去“淘粪便”，可当他们去了那些厕所时却发现，那里的粪便早已被硝尔鲁克人淘走了。外村人争不过，就给他们起了个外号叫“偷粪贼”。

（二）买谢特人——“alte uxxukh”（六个赖皮鬼）

买谢特村人被外村人称为“alte uxxukh”（六个赖皮鬼），维吾尔语里“alte uxxukh”是阿图什“atux”的谐音，买谢特人之所以得此名主要是因为历史上阿图什人的集镇中心就是在买谢特村，而一部分买谢特人“仗着”自己是“地主”之身份，对外乡村来赶集的“乡巴佬”经常有事无事进行欺负，所以外乡人就给他们起了一个绰号叫“六个赖皮鬼”。

（三）上阿图什人——“四川人”

上阿图什人走出阿图什的非常多，据第 34 号访谈人（自治区某厅级部门退休干部）讲上阿图什只有 4 万多人口，但在外地的上阿图什人人口数却在 5 万以上，另外在外地上阿图什人非常团结，互相扶持，在乌鲁木齐市上阿图什人印发自己专门的联系电话本，相互间联系较其他村落的人更为频繁。阿图什人认为四川人同乡认同比较强烈，上阿图什人外出的人不仅多，而且也很团结，因此上阿图什人被下阿图什人称为“四川人”。

三、村落间的竞技——增进村落认同建构

村落间传统的体育竞技会增强不同村落的边界，加强本村落的认同。

村落之间进行摔跤比赛是阿图什人很早以来的传统，是民间主要的娱乐活动之一。在阿图什每年春季庆祝诺茹孜节时，在塔格提云村一带的高地举行各种体育竞技，这是一个很早就有的传统。届时，阿图什各村落的人聚集在此处举行各种比赛，传统的项目有摔跤、斗羊等。

相传，在近代阿图什人与喀什人之间举行了一场摔跤比赛。[①] 喀什籍的参赛选手是一个“常胜将军”，从没有输过别人。当他把几个阿图什各村的摔跤手都击败后，从瓦克瓦克村来了一个不起眼的小伙子进入摔跤场，喀什摔跤手瞧不起他，扬言要让他立个“摔死不负责”的字据后才与他摔。那小伙子没有理会他，但上场后没几下就把那个狂傲的喀什摔跤手击败

---

① 笔者据第 3 号访谈人，阿图什瓦克瓦克村人，现为乌鲁木齐市某企业退休干部的说法推断可能是在 20 世纪早期。

了，这时全场的阿图什人都非常骄傲，把那个小伙子抱着扔到空中欢呼。

从这些说法中笔者推断，阿图什各村落之间的体育竞技活动可能比较频繁，而在这样的活动中，包括选手在内的每一个村落的人都要为了自己村落的荣誉而努力付出，这种情景很容易导致村落边界的显现与村落认同的强化。

四、村落内婚制

第4号访谈人（阿图什硝尔鲁克村人，现是自治区某厅级部门退休干部）：

在阿图什，买谢特和硝尔鲁克之间的距离不到4公里，但从不相互嫁娶，上阿图什就更不用说了，阿湖乡也同样如此，阿湖乡和格达良乡一样生活条件都很差。而在历史上硝尔鲁克人生活条件好，现在也一样。这是因为硝尔鲁克人一直有做生意的传统，在世界各地都有做生意的人。如果有人把自己的女儿嫁到外乡去了，人们就会骂此人说：在本村本乡“没人要（嫁不出去）”才嫁给外乡的，如果从外乡娶亲，人们又会说那个女子肯定在自己的村里嫁不出去，才嫁到此。如果有男子随了外乡村的女子（定居到外乡村），他们就会说“hoton peres”（只顾老婆的人）。阿图什和喀什就差40多公里，但近50年来就我知道的仅有三四起通婚的实例。

第21号访谈人（阿图什波亚买特村人，乌鲁木齐晚报退休干部，现在乌鲁木齐市二道桥附近开旅馆）说：

异村结婚的女性被别人称为zenkawasti，这个词是方言专有名词，笔者还没有听说别的地方人有这种指称异村结婚者的专有名词，说明阿图什人把异村结婚的问题看得很严重。

据第36号访谈人（阿图什伯干村人，现为乌鲁木齐市个体商人家属）讲：

以前村子与村子之间都互相不通婚，更不用说与外地人通婚了，通婚都是在同村内，不外嫁姑娘，可现在变了，通婚的地域范围较广，只要孩子喜欢，哪里人都可以。“我”的大儿子找的是和田姑娘，刚开始，访谈人在阿图什的亲属都不同意，说不能找 yat adam（外人），又不是伯干村没有姑娘出嫁。可现在亲戚们都很满意，伯干村人来见她后认为她很“合格”，非常满意。伯干村的亲戚们不同意是因为他们没怎么离开过那个地方，以前伯干村人很少有人能考上大学，现在大学生越来越多，他们出去以后，接触了很多事物，接触了很多人，了解了很多地方的风俗习惯，现在年轻人之间不同地区通婚的现象越来越多了，不给外地人嫁女儿的事也逐渐少了，同乡概念也开始慢慢淡化。父母们都想让子女最好与同乡人结婚，但现在还得根据孩子们的实际情况，反正对方只要是维吾尔族或是穆斯林，是不是同乡也就无所谓了。

五、村落间的资源冲突与冲突的波及面

20 世纪 80 年代，阿扎克乡的伯干村与松他克乡的买谢特村人因伯干村引水渠占据买谢特村土地而引起纠纷，两村人相互大打出手，最后伯干村人“输给了”买谢特村人。虽然这种“争夺”水资源的纠纷案在阿图什不同的村落之间发生过多次，但这样的冲突会波及外地的阿图什人。如在内地上海、广州等地的阿图什商人每次一旦听说家乡阿图什发生了纠纷，这些商人也以各自村落为中心也要彼此打架来分个高低。

据第 56 号访谈人（阿图什硝尔鲁克村人，作家，现在北京某高校攻读硕士）讲：

硝尔鲁克村人与买谢特村人合不来，他（硝尔鲁克村人）在北京某高校上大学时，从外校来了一个同村老乡探望他，来者在校内遇见一位买谢特村的学生后就想把这个学生打一顿，被访谈人制止了。

六、村落之间不同的方言与习俗——祖源的不同

很多访谈人都谈到村落之间有方言和习俗的差异，各村落婚俗也有较明显的区别，而这种差异甚至是相邻的两村落之间也会存在，笔者开始不能理解这种差异，隐约认为这种差距可能是由于自然村落的界线分割加上

村落内婚制造成的，可当笔者与第47号访谈人访谈时才了解到这种村落之间的差异，可能是由于每一个村落人祖源不同所造成的。这个结论何以得出？第47号访谈人是1940年从阿图什伯干村迁居到现在的塔城地区的额敏县的（当时他的哥哥和父亲已迁居此地近20年），他参加了三区革命，复员后就在那里垦殖，2006年已是84岁高龄，当笔者谈到伯干村的来历时（伯干村是近代一次大洪水冲击后形成的自然村落），他说他们村的很多人包括自己的爷爷都是从格达良乡迁来的。后来笔者又通过一些访谈人了解到，格达良乡有很多以“下阿图什”村落命名的村落，如阿孜汗、阿扎克、提坚、波亚买特、翁艾日克、托库尔、塔格提云、提坚村等村是下阿图什阿扎克、松他克两乡固有的一些地名，可格达良乡同样也有以这些村落命名的一些村落。格达良的维吾尔语意为“优美的草原”，传说这里以前水草丰美，只是近代开始盐碱地化、沙化。由此，笔者推断，格达良乡的人是从“下阿图什”地区不同村落迁去的，后来到19世纪下半叶（通过第47号访谈人的年龄推算，他的爷爷是从格达良乡迁来的），因为格达良乡的自然环境恶化，很多人又迁回新形成的伯干村。笔者为了获取村落迁移的线索，想了解相对外村更晚期的村落“翁艾日克”的情况，问翁艾日克村人是从什么地方来的，老人说好像是从喀什 bexkirem 村迁来的，但他不是很确定。因此，笔者推断之所以出现村落内婚制与村落方言、习俗的不同，原因就是因为不同村落人的祖源（甚至可能牵扯不同的族源）不同，有可能在古代这些村落分属于不同氏族。

有了这样的推断，即村落祖源的不同，我们就可以解释阿图什人地域认同观念最为深刻的根源。村落与村落之间语言、风俗及价值观念的不同源于历史上祖源的不同。而这些村落之间相异的文化事项经过长期的历史时间仍然保留下来，也说明村落认同所造就的村落边界一直处于不断建构的过程中。村落祖源的不同也是阿图什人地域认同观念最本质的方面。

七、村落中的血源关系

第56号访谈人说：“三代以上都是亲戚。”如果追根问底一个村的人全是亲属，都是“bir ewlatning balliry”“同宗”的后代。按维吾尔族的传统亲属观念，到了三代以后就成了“外人”（直译是变成生人），比如说亲属之间表兄妹、堂兄妹之间还有来往，但到了曾孙辈（曾孙）以后，就开始不相互往来了，除很少的“大家族”（由于新疆历史动荡不安、环境恶劣，很少有大的家族能够维持下来）能保持子孙后代间的亲密往来。在阿图什却有所不同，他们为了防止亲属间的“外人化”“yatlixip kitix”，所以要尽量在亲属内婚配，从某种程度上鼓励并希望“亲上加亲”，这也是村落内婚制的根源，这种做法限制了亲属的分离，同时也防止了“财产”的外流。这也应验了费孝通先生在20世纪40年代所认识到的中国农村社会的本质“地缘不过是血缘的投影”①。笔者通过第12号访谈人了解到，在买谢特村有两个家族历史悠久：一个自称是喀拉汗朝布格拉汗的后裔，一个是在喀拉汗朝任“金库总管”的人的后裔。第12号访谈人自称是布格拉汗的后裔，并说这个家族在乌鲁木齐市就有70多人，第12号访谈人说为了防止家族的分裂，他们长期保持家族内婚制。有关喀拉汗王朝苏图克布格拉汗后裔的记载，维吾尔文版的地方史志《阿图什》有专门的篇章（如果这个说法能被进一步证实，那么有关维吾尔家族的人类学调查会有很好的调查素材）。

乌鲁木齐《都市消费晨报》2006年7月14日报道：《退休教师14年完成新疆第一本维吾尔族家谱》② 引起了笔者浓厚的兴趣，使笔者更有信心证实阿图什人十分注重家族观念，“归根”意识很强烈。新疆社会科学院民族研究所研究员田卫疆说：“这是新疆第一本反映一个家族兴衰史的维吾尔族家谱，它记录着这个家族从1840—2005年的家族发展史。它填补了新疆维吾尔族家族史的空白，是一份研究当地经济、民族史的宝贵资料。”“130多年前，15岁的麦斯来离开父亲海依若拉巴尤夫，从阿图什来到了乌苏。在百年沧桑中，海依若拉巴尤夫家族已经有了六代人，前五代人共有569人。海依若拉巴尤夫的后代在各行各业辛勤工作着，他们中既有教师、医生、军官，又有工人、商户等。海依若拉巴尤夫家族是一个在新疆有着160多年历史的维吾尔族大家族。”

“58岁的维吾尔族克依木别克是海依若拉巴尤夫家族的第四代人，从42岁时开始编写自己的家谱，多次在塔城、阿图什、乌鲁木齐等地寻访，花了14年的时间完成了长达68页的《海依若拉巴尤夫家族族谱》维吾尔

---

① 费孝通：《乡土中国》，生活·读书·新知三联书店1985年6月版。

② 引自 http://news.QQ.com，都市消费晨报，北疆新闻中心记者孙虹杰、晓言、王建隆：《退休教师14年完成新疆第一本维吾尔族家谱》，2006年7月14日。

文编写工作。克依木别克又将《海依若拉巴尤夫家族族谱》交给了海依若拉巴尤夫家族的第五代人、乌苏党校老师帕哈尔丁，帕哈尔丁将它翻译成了四万字的汉文版《海依若拉巴尤夫家族族谱》。”

有了家族意识、亲属观念，亲属间的权利与义务彼此必然密不可分，所以这也就能解释阿图什人为什么到了外地很“抱团”（很团结），其最根本的原因是，阿图什人在外地总是维系在同村人的周围，而这种观念进一步发展，就扩展到了同乡、同地域人，不同村的阿图什人在外地遇到另一个“外地人”时，就会以自己同地域而“团结”在一起，但在阿图什人内部却以村落为背景而区分彼此。

在塔城、阿勒泰、博乐、西湖—玛纳斯、哈密、和静等地都有很多阿图什人的移民区。阿图什人往北疆地区的迁移多数是自发的，这与准噶尔在清朝17—18世纪近百年迁移的“塔兰其”不同，“塔兰其”是在清朝政府的迫使下进行迁移的。[①] 他们先是由一两个“开拓者”（在北疆开荒垦殖）到了北疆（阿图什人称山背后 tagh akhi）找到谋生之路安居之后，先是从自己的亲属开始“叫”或“带”过来，后来慢慢演变成一个新的村落，如果他们是买谢特村人，新的村落也以买谢特为名。在北疆同一地方可能有两个不同的阿图什村落，每个村落都是围绕着自己的亲属而形成一个新聚落，这是形成北疆很多地区的阿图什村落的特点，依然是以家庭与血缘为主轴形成的村落。这些村落的根源仍然是与阿图什人的家族、血缘与地域认同意识密不可分。

八、村落内的济贫助困行为

阿图什人一直都有“乐善好施”的习惯，这不仅与他们虔诚的宗教信仰有关，更与他们在恶劣的生存环境下（恶劣的自然环境、自然灾害、战争等原因），每个家庭的财产都在一定的风险之中密不可分，他们可能很早就意识到如果不共同面对困境，就很难生存下去。所以，阿图什人同村落之间人们彼此相互依存的观念十分强烈。外出的阿图什人“发迹了”必定要“拉拢”亲属及同村人“共同享受”。在阿图什人的传统观念里痛恨好吃懒做者，每个人都希望通过自己的“合法劳作”“halal emgek”来获

① ［日］佐口透：《新疆民族史研究》，章莹译，新疆人民出版社1986年版。

取谋生之资本，所以他们也不希望自己变成“被施舍”的对象，在这方面他们的自尊心很强。因此，阿图什人彼此“施舍”时会以不伤及对方的自尊为前提。如知道邻里有谁“揭不开锅”时，家里做了饭（尤其是家里做了好的饭菜）就会相互赠送（这是维吾尔族农村特有的传统），甚至是相互接济米面油，而从不计较“有借无还”（阿图什比较特殊，别的地方的人好像比较计较如何等量地偿还物品）。如果不是邻里，有人就会请那个穷人为自家干些简单的“零活”，干完后，“富人”就会以“报酬”的形式给予物品或钱财，而不是直接把钱或物送给穷人，通过给劳动报酬就不会伤及对方的自尊。如在外地已经有了“发展”的阿图什商人给来求助的同村人货物而不是现金，这样那个求助者就可以靠自己的劳动得以谋生。如果求助者卖了那些货物时亏了本，他们也不太会计较那些得失。正如前文所述，阿图什人在恶劣的生存环境下形成了把“okhetqilik”（生计）视为有风险的活动，“财产”在恶劣的自然条件下说有就有，说没有就没有，因此，不把财产看得很重。当然另一个重要原因是商人们把给同村人损失的货物（或接济）视作交了伊斯兰教的“oxur zakat”（天课）。

“Berawet”（打平伙）：“打平伙”是阿图什农村的一项重要的民俗活动，一般多在冬季农闲时举办。阿图什人打平伙比较特殊的一点是，通过打平伙达到济贫助困的目的。

Berawet 的简要过程如下：如果有人发现村里有哪家快“揭不开锅”了，村里人就会提议要到那家举办 Berawet 活动，如果那穷人家有羊，人们就会买他的羊，如果没有就去买别人家的羊；然后到那个“揭不开锅”家庭宰了。宰了后分配肉时也要举行“竟拍”仪式（这也是 Berawet 活动的关键环节），拍卖所宰羊的几个最好部位，谁能出最高的价码，谁就拥有那块肉，并由自己行使对这块肉的“分配权”。那几块羊肉拍卖完成后，其他的肉就分成一块块的同等份后进行水煮，羊肉煮熟后，参加者（村里男性有家室的“成人”）每人都能分上肉，吃剩的可以带回家给妻儿老小，而拍卖后多出的一部分钱（其中买羊的那部分钱给卖羊的人）就施舍给那个穷困的家庭，作为全村人对那一家的支持。通过这种方式，一些吃不起肉的家庭吃到了肉，而那个受困的家庭，通过这种方式不但“保住了自己的自尊”，而且也没有“欠村里人的债务”，可谓一举多得。阿图什人在讲到这项活动时，非常自豪地说：他们能以“不伤害别人自尊”的方式给予同村人以帮助。但并不是所有的贫困者愿意接受这种“施舍”，也不是所有拍卖的钱都帮助了穷人。[1] 以下是第42号访谈人（文艺界人士）讲的情况：

在举办Berawet活动时，有时候一块tux（羊的前胸肉）能卖到上千元，外地人可能会误认为阿图什人是在夸耀财富，其实，一般我们如果在村里用200元买了一只羊的话，脖子这一块就能卖到80元左右，仅几块肉就能把买羊的钱赚回来，然后大家一起煮着吃这些肉，全村吃不起肉的穷人都能趁这个机会吃到肉，以此来接济那些穷人，但又不伤他们的自尊。买Berawet时吃的羊本来大家平分每人能分到5元左右，可通过此（拍卖）来使那些穷人以一元甚至不到一元的价位就能吃到肉。但在“阿图什麦西来甫”[2] 的活动中，我们把这项活动艺术化处理后搬到了舞台上。当时舞台上积累了六七万元，我给我的一家穷困的亲戚（女儿上大学）从中拿了5000元，可他们家怎么都不肯接受，说我们自己有能力养家。一些人也不愿接受别人的施舍，害怕别人说自己靠接济养家。偶尔也有人在Berawet活动中为了比富而故意出很多钱，如在我们村一次婚礼上，本来花800元买了4只羊，一公斤肉最多也能出200元，可他们比富，有人一公斤肉出了2200元，最后那次婚礼一只羊卖到了7000多元，后来我们就用剩下的6000多元玩了一个多月的Berawet，全村人都参加了这些活动。

九、阿图什人的教育方式

很多访谈者都说到，阿图什人教育孩子的方式与别的地方人不同，维吾尔族内流传着这样一种说法：当阿图什人的孩子四五岁时，大人们一大早就让孩子拿上一根棍子带出去玩。孩子如果回到家把那条棍子带了回来，他们认为这个孩子会“成器”；如果没有带回来，他们就会打那个孩子，让孩子把那个棍子找回来。还有一个说法是：如果孩子要零花钱，大人们给钱后就说，你把这个钱hexlep ekir（花完了再按原数还回来），孩子就会出去在街上把钱换成货物，变卖货物赢利后，花所赢利的那部分钱，而父母给的钱会原数奉还。

---

① 据第1号、第2号访谈人提供的资料整理。

② 一次大型的文艺晚会。

关于阿图什一带的人为什么善于经商有一则传说：据传 hizir 圣人[①]给阿图什人做过祈祷。伊斯兰教传说中的“活神仙”hizir 圣人到阿图什一带，给一个小孩子一“文”钱（很少的钱），让孩子帮自己买一样食品，这个食品要既能填饱圣人的肚子，又能喂饱他的驴子和鸡。圣人本意是通过这种方式“难住”这个小孩而考验他。可这个小孩灵机一动，很快就买来了一个大哈密瓜，圣人吃了瓜仁、驴子吃了瓜皮、小鸡吃了瓜子，而且都吃饱了。于是圣人对小孩子的此举非常满意，举手向真主祈祷说：“让这个孩子及其后裔都成为能干的商人吧!”因此，阿图什人特别善于经商。[②]

在阿图什教导孩子是全村人的事，正如前文所提到的：“大人们如果见到村落里的年轻人无所事事，马上就会帮他找活干。”见到孩子们“不顺眼”的事，村里任何人都会主动地教导犯错误的孩子。而家庭教育过程中，家教也很严格。阿图什人很早就会主动培养孩子的谋生能力，让他们学会糊口、谋生（教会做生意）。一般在一个家庭里孩子们犯了错误，所有的孩子都会被叫到一起受训诫，这种教育方式在阿图什人的家庭中比较普遍。

个案：

阿图什人育子方式

第 29 号访谈人（祖籍阿图什松他克乡，六道湾煤矿工人家）：

我孙子 5 岁时就把他（这个小孩母亲已去世，父亲离家十年还没有音信）从乌鲁木齐送到了阿图什，主要是想让他学会阿图什人的谋生方式，他现在 11 岁了，课余时间卖凉粉，已经有相当的独立能力了。以前，我亲戚的孩子来我家说话时嗓门都是沙哑的，我还以为他们感冒了，后来我到了南门地下街时才明白，原来他们是因叫卖东西而喊哑声音的。我想让我的孙子多少能受点阿图什人的影响，如果在这儿成长[③]，很多年轻人都因毒品送了命，我不想让他在这染上那些恶习。

---

① 伊斯兰教传说中隐匿于人间的活圣人如同汉族民间传说中的活沸济公。

② 这是笔者父母说的一则解释阿图什人善于经商原因的故事。

③ 指在乌鲁木齐六道弯煤矿。

第23号访谈人（上阿图什乡人，父亲是喀什伯什克力木村人，新疆师范大学教授）：

他们小时候在故乡（上阿图什）村里的老人们可以任意“指使”“教导”他们（村里的小孩子们），如果村里办了婚丧嫁娶之类的宴请活动，老人们会让他们把外村来的人的马驴等牲畜牵到有水草处安顿，等那些客人走时会让小孩子们把他们的牲畜牵过来。

据第15号访谈人讲（阿图什伯干村人，乌鲁木齐市做外贸生意的个体商人）：

我上小学时村里放电影我就去卖葵花子，我父亲做木勺子拿到喀什出售，我就让他从喀什买来仿真戒指在学校给同校的学生出售，一只买进来有1.2角钱，我卖到2角、2.5角钱。我还做过倒卖布票生意，全村的小孩子从家里把布票偷出来卖给我，后来有一小孩子把家里一年的布票全都偷了出来，我以一米1.2角的价格收来，又以近3元一米的价位转了手。可第二天那个小孩的父母找了我，教育我说：“你这样会把村子里的小孩子都变成小偷的，这样不好。”自此，我再没做倒卖布票生意，而做戒指、耳环生意。我自小就没有问父母要过10元钱，我们家很贫穷，我父亲一身疾病，我们吃过很多苦。

第42号访谈人（文艺界人士）讲到阿图什人培养孩子的方式和别的地域的人有所不同。

有一年我回阿图什，我的一个侄子上小学五年级，我问他有多少钱（我当时主要想测试他的能力），他说有1900多元，我问是怎么挣的，他说每天放学回家，就推着自行车去卖菜。另外，每个星期天他从商店买来袜子，到农民的集市上去卖，自己的学费自己交，还买了一辆新的自行车。他除了给“外人”做生意外，从街上买葵花子回来后，给他们家的嫂子们出售，嫂子们心疼他就买他的东西。[①] 我小时候，大概是1975年吧，父亲是一个公社领导，但他非常虔诚，每天都做五次礼拜。有一天，他给我们兄弟三人炒了一盘葵花子，然后把这一盘葵花子均分给我们，让我们拿到电影院门口去卖，我去了以后，一下就把我的那份全部以1.2元的价卖给了别人。我哥分着卖卖了2.5元，而我的弟弟却卖了3.8元。我看他们比我卖得多，就把自己存的五角钱也搭了进去，对父亲说自己卖了1.7元。可还是挨了父亲的打，当时我们父亲不是为了“钱”而打我们，只是要让我们以此为本钱开始学会谋生。后来，我哥哥从新疆大学毕业后留校当了老师，最近几年放弃工作还是去了莫斯科做生意。而我那个弟弟四年级就辍学，后来挣了钱，养活了一家人，我结婚的费用也是他出的，还有这个房子都是他给我买的。

这就是阿图什人培养孩子的方式，现在大多数富起来的人，多是卖过凉粉、葵花子的人，这有一个在陶瓷厂盖大厦的伊什塔其人，以前他就在阿图什出售“dogha”[②]，我们的信仰虔诚度不同[③]，培养孩子的方式不同，阿图什人一定会教给孩子“生意经”。我们家当时每周都要开一次家庭会议，我们都要“交代”自己一周内所犯的错误（父亲当时规定好了对我们错误的处罚方式），并接受惩罚（挨几次父亲用“树枝”抽打），我犯的错挨三次抽打。

有人说上了学的、学识多的人会做生意，可我见了很多这样的人做生意都破产了。而阿图什人有一种特色：反应快，遇事会立即做出决定，上学的人遇事反复思考。而阿图什商人甚至连一句俄语都不会就到莫斯科，通过手语沟通来做生意，别的人不敢这么做。他们的冒险精神是别的地域的人所不能比的。有一些人虽然挣了很多钱，但只会说几句俄语。有一个在莫斯科做生意的阿图什人，别人给他教会了60卢布的俄语发音，并交代从某处坐出租车回住地要60卢布，据说出租车司机说只要40卢布就行，他因没有听懂仍给那个司机60卢布。阿图什人到了国外，一般用计算器来谈价钱。我哥哥是个知识分子，可现在却要跟着没上过学的弟弟做生意。有一次，我们在莫斯科要去一个地方，我哥开着车看着地图找那个地方，

① 访谈人是以一种讲笑话的语气说此事。

② 一种刨冰加酸奶的饮料。

③ 指和不同地域的人相比。

绕了几圈就是找不到，可这时弟弟不耐烦了，把车要过来，一会就开到了那里。我问弟弟是怎么找到这地方的，弟弟说自己以前注意到前方有一个高塔，盯着高塔走就到了。这说明阿图什人具有一种很自然的敏感性。

附录：阿图什人的体育事业①

新疆阿图什县的上阿图什乡以“足球之乡”著称，该乡农民开展足球运动有着悠久的历史。起初，当地维吾尔族农民用帽子当球踢，之后将两顶帽子上下合着，中间塞满羊毛或棉花后缝制成球，有时将毛线或棉线团当球踢，后来做塞满棉花等软物的布球来踢。而球门更简单，用维吾尔族人自己穿的袷袢（对襟长袍）当成球门网。

1885 年，阿图什县开明人士霍萨尼·木萨巴尤甫和巴吾东·木萨巴尤甫兄弟俩在上阿图什乡伊克萨克村建起一所新式学校——霍萨尼亚学校，以此为基地作为群众传统体育项目的农民足球运动也就开展起来。1902 年，巴吾东·木萨巴尤甫为了发展民族体育教育事业，培养教师，派学生到土耳其等国学习深造。他们回国后在各地兴办新式学校，注重体育教学和体育活动。

当时去土耳其留学的吐尔逊·阿凡迪（1886—1937）1909 年学成回国后，在霍萨尼亚学校任教并任校长至 1933 年。在他任职期间成立第一批维吾尔现代足球队（包括农民足球队，学生足球队，教师足球队）并相互进行足球比赛。当时巴吾东·木萨巴尤甫在学校东边修建足球场并从国外购来足球及其他体育用品。1927 年 5 月，由上阿图什乡伊克萨克村农民组成的足球队曾与英国、瑞士领事馆组成的两支足球队进行了两场友谊比赛。在首场对英国领事馆球队的比赛开始之前，英国人自恃自己球队水平很高，根本没有把这支农民足球队放在眼里，他们以轻蔑的口气对伊克萨克农民足球队说：你们要是真的赢了，我们奖给你们一匹带有金鞍的骏马。伊克萨克农民足球队听了这句话马上说，那匹骏马一定是我们的。比赛结果，根本没有统一运动服装而光着脚踢球的伊克萨克足球队以 2：1 战胜英国领事馆足球队，接着又以 7：0 战胜瑞士领事馆足球队。

这两场足球比赛在当地引起了极大的轰动，也促进了该乡的足球运动

① 引自丝路情缘论坛·新疆风情：《维吾尔族足球之乡新疆阿图什县的上阿图什乡》，http：//www. xjclub. com/dispbbs. asp？ boardid = 16&id = 388。

不断向前发展，参加足球运动的人越来越多。20 世纪 30—40 年代，足球运动已成为上阿图什乡开展为最普遍的体育项目。教师足球队还穿上用名叫“斯提”的布料做成的统一的运动服装。维吾尔族群众把率领有 25 名队员的足球队长称为“恰哈巴什”。新中国成立后，虽然这些队员已有 60—70 岁，还是没有离开足球队伍。高龄队员组成的农民足球队还在 1951 年获得西北足球比赛冠军。1957 年还来乌鲁木齐与由青年学生组成的高校足球队进行过友谊比赛，当时这支农民足球队在乌鲁木齐观众中留下深刻的印象。近 20 年来，上阿图什乡的足球运动更加普及。现在全乡已经建成 25 个简易足球场，有学生球队、农民球队等 40 支，队员 700 多人，占全乡人口的 1/3 是一个名副其实的“足球之乡”。

第十章　解读阿图什人的社会交往行为

第一节　社会交往何以可能

社会交往是指两个或两个以上的社会个体间的社会互动，也就是说，两个或两个以上的人为了达到一定的目的进行的一种“人际间的往来”。这个概念基本类似于韦伯的“社会行动”与哈贝马斯的“交往互动”等概念。

社会交往——社会个体间的互动——使社会正常运转成为可能与必然。社会是由各种社会关系组成（虽然各种社会设置使“社会”呈现比较有形的“外壳”，但各种社会设置得以运转还是由社会个体间的互动来完成的），单一的社会个体组成不了社会，一个“合格”的社会成员总是处在多重的交往互动当中的社会关系中。如果我们以维吾尔族社会作为这种认识的关注点，一个维吾尔族的社会个体在当前的社会中可能处在各种社会关系中，而且这些关系必定是处在互动之中，离开了互动，“社会”很难正常运转，如家庭关系、亲属关系、同学关系、校友关系、战友关系、同事关系、上下级关系、地缘关系、同宗教界的关系（信仰是维吾尔族社会生活不可分割的一部分）。对于处在这些社会关系中的社会个体而言，每一种关系在这个社会个体的总体关系中所占的“比重”不同。影响社会关系“比重”的因素很多，有年龄、社会经历、社会地位、社会角色、社会资源的占有程度（工作种类等）等，当然，每一种交往的认同根基不同。另外，一个社会个体在社会化过程中必然要学会和其他社会个体有效互动的各种行动技巧，而这些行动技巧除各种显在的法律、法规、制度等行为准则之外，还渗透着种种价值与道德观念等社会规范与互酬原则。

社会交往是社会科学界关注的核心领域，探讨这个问题的学者有腾尼斯、涂尔干、韦伯、哈贝马斯等人。腾尼斯以“法理社会”与“礼俗社会”、涂尔干以“有机团结”与“机械团结”等概念探讨了前工业社会与工业社会的“传统”和“社会契约”对社会交往的“影响”，并以此来解释社会交往何以可能，认为在工业社会里制约“人际往来”的关键因素是游离于“传统”的“社会契约”。韦伯则是用“合理性”概念来理解、区别社会行动，提出目的合理性行动、价值合理性行动、情感行动与传统行动，并认为工具合理性行动最具高度合理性的行动，而传统行动是由约定俗成的习惯决定的行动，是没有经过理性思考的行动。

哈贝马斯在他的《交往行动理论》著述中也提出四种行动类型，即目的性的行动、循规性的行动、戏剧性的行动、沟通传意性的行动。对于其中循规性的行动，哈贝马斯认为是以共同价值为取向的行为，也称规范调节行动，这种行动在以传统为根基的社会，其实质就关系到“传统”，他认为以上四种行动是以不同的“世界”为先决条件的。其中沟通性行动比其他三种行动更为合理，因为它包含了前三个并列又相互制约的“世界”，构成了一个交往过程中的“共同从属的平等的关系体系”，所以沟通性的行动是具有社会学意义上的“行动”概念的。①

笔者认为，这些社会学家都关注到了社会交往实践当中的“传统”要素，但认识各有不同：腾尼斯以“痛惜”的态度对待工业社会中日渐消失的“传统”；涂尔干则认为工业社会靠“社会契约”更能有机地团结，没有看重“传统”要素；韦伯则给予工具理性的社会行动以最高的合理性，相反，“传统”是一种非理性的“盲从”；哈贝马斯则认为沟通性行动才是最合理的行动，“传统”包含在沟通行动中。在笔者的认识中哈贝马斯所说的“沟通性行动”有理想主义色彩，但他说的“沟通性行动中”包含“传统”在内的其他三种行动的理论对社会交往实践更具有解释力度。笔者通过实地考察，在经验层面上总结维吾尔族以下社会交往模式的基础上认为：“传统”不仅体现在各种社会交往互动当中，而且也是具有“工具理性”的行动者的有效工具。社会交往实践是一个非常复杂的过程，人们把“传统”也会作为社会资本，并在不同的境遇中以不同的方式对待“传统”。因此，“传统”也是工具理性式的社会交往经常关注的方面。社会交

① 侯钧生主编：《西方社会学理论教程》，南开大学出版社 2002 年 10 月版。

往的“场域”——“公共领域”——与“民间领域”传统中渗透着人的最根本需求。每一种社会关系都是在一定的认同观念下存在、维持与发展，而且其存在都是以“互惠互利”的“义务”关系为根基的，当然“互惠互利”不仅包括物质方面，还包括精神方面。

为了能够清晰地论述社会交往实践，笔者要澄清“原始关系与派生关系”两个关系模式：原始关系是指以社会个体所认同的，以祖源村落为中心而传承的，以原有社会关系为根据的“先天”关系，其根基是家族与血源意识；派生关系则指一个社会个体在“后天”的生存境遇中通过社会设置、共同的社会经历而建立的关系，包括同学、同事、战友等关系。

笔者考察到的实际情况是：地域认同下的维吾尔族社会交往，是他们交往行动中的重要内容，而不是他们交往活动的全部内容，乌鲁木齐的维吾尔族以自己的地域群体为主的交往是原地域关系的移植与发展，当然原始的同乡关系中会叠加一些派生关系，这样会“亲上加亲”。一个合格的社会个体处在各种社会关系中如同事、同学关系等。这些社会关系有偏有重，受社会个体“工具理性”思考下的“利益最大化”原则的支配。但笔者更想说明的是，人们的社会交往不是盲目进行的，而是在一套具有符号性质的“行为模式”之下进行的。而这一套行为模式就是传统的社会交往所塑造的，社会交往如果离开这一模式就会变得不可预见与不可理解，最终会使交往“失序”。

第二节　以村落为“核心”的社会交往

依据前述访谈资料以及“实地”观察，笔者解析出当前在乌鲁木齐生活的阿图什人社会交往的一个比较清晰的“轮廓”。在调查中了解到乌鲁木齐阿图什人的同乡网络及聚会主要是以“本村落的人”为根源进行的，如瓦克瓦克村人的聚会、伊什塔其人、伯干村人的聚会。这样的聚会往往是由商人发起，然后会波及其他阶层有地位、有名望及有影响力的同村人。形成这种情形的主要原因是，乌鲁木齐的阿图什籍商人“汇聚”到乌鲁木齐只有十来年的时间，他们还没有广泛渗入乌鲁木齐的“市民生活领域”，他们所能接触的乌鲁木齐“市民社会”只是早已取得乌鲁木齐“市民资格”的同村人与亲属，而这些有“市民资格”的同村人是通过上学、工作调动等原因来到乌鲁木齐的，他们的社会交往范围要广于商人阶层，但因企事业单位工作的阿图什人相对乌鲁木齐来说也是“第一代移民”（笔者认为各地域的人能够在乌鲁木齐形成“气候”，还要“归功”于新中国成立后的行政区划与各地域协调发展策略），因此，“第一代移民”的主要社会关系与情感性的社会交往还是以本地域为主，但他们同时也更多地关注获取社会资源的社会交往关系。第一代阿图什“移民”的后代如“第二代、第三代”虽然也有明显的地域认同感，但其社会交往中基本没有同乡关系，这种情况会延续到四五十岁，但到了四五十岁以后人们就会逐渐形成“回归”意识。因此，对于除“商人”之外已取得“市民资格”的阿图什人来说，不同年龄段、不同职业、不同社会地位的人社会交往重心不同，其基本轮廓是：退休以后的国家干部、职工的社会交往活动会重心逐渐回归到同乡关系上，而在工作岗位的人社会交往活动重心是包括业缘关系在内的“既得利益”关系，而同乡关系停留在“情感性交往”与“仪式性交往”层面上，但如果同乡关系在某一个时期变成获取社会资源的渠道与途径时，同乡关系也会是在那个社会个体“苦心经营”的范围内。当然，社会现实生活中“情感性交往”“仪式性交往”“工具性交往”往往互相交织，难分彼此。乌鲁木齐阿图什人社会交往实际大致如下：

（一）亲属间的交往

因笔者在此研究中侧重于“超越”亲属的地域关系，所以论文中没有单独深入探讨此问题。

直系亲属交往频繁（过年过节、婚丧嫁娶、探病等），但旁系交往趋于淡化，注重两亲家间的来往（但多数姻亲关系只是礼仪性的交往不是情感性的交往）。

（二）以村落为主的交往

在乌鲁木齐阿图什举办同乡聚会时往往以各自的村落为中心来举办，如上阿图什人的聚会、瓦克瓦克人的聚会、伊什塔其人的聚会、伯干人的聚会……

（三）超出村落边界的交往

企业的庆典活动、文艺界举办的活动（阿图什籍文艺工作者个人演唱会、阿图什地方的大型文艺活动）、企业产品、音像制品的发布会、募捐活动、葬礼、婚礼、跨村联姻。

（四）异族交往

除必要的社会事务（工作、贸易、经商）外，阿图什人很少同异族交往，所以笔者没有进行这方面深入的探讨。

（五）多层关系叠加者的交往

多层关系叠加者指的是除地域关系外，还有同学关系、同村关系、亲属关系等多重“关系”叠加，是形成亲密性关系的基础。其中同村加同学关系是比较牢固的一种关系。

个案：

乌鲁木齐市瓦克瓦克村人的聚会

当笔者在2006年3月进行调查时，乌鲁木齐的瓦克瓦克村人的聚会已举行了三次，前两次由年轻人“做东”主持召集，后一次由老年人“做东”主持召集。在第二次聚会中，他们为瓦克瓦克中学募捐，买了七台电脑。在第三次聚会中乌鲁木齐的瓦克瓦克村人选了一个科学院的博士后（听说这个人年轻有为）为聚会的主持人。

瓦克瓦克村人的聚会缘起于一次这样的“事件”：2005年10月，留到乌鲁木齐市工作的一位瓦克瓦克村青年操办自己的婚事，从老家把自己的父母也请来了，可在婚礼过程中去接新娘时，因婚礼主持人不慎将新郎官的父母“拉”在男方的宴会场地，当时没有一个人来“照顾”这两位老人，他们也因为不认识人，也没有敢“询问”自己的“去留”事项，当时他们两口子很尴尬也很生气，于是在婚礼第二天把这件事讲给了在乌鲁木齐工作多年的同村人。后来，这件事也被那些年轻人知道了，他们觉得很羞愧，认识到不与长辈们交流不好，于是为了向他们“谢罪”，年轻人把所有在乌鲁木齐市工作、生活的瓦克瓦克长辈们聚到一起办了一个同乡会。第一次同乡会办成功后，过了一段时间年轻人觉得应该为自己的村落办点事，就又把长辈们请了一次，在第二次聚会上他们认为应为自己的家乡办点事，于是大家一起募捐为阿图什的瓦克瓦克中学买了七台电脑。有了前两次由年轻人发起的聚会，长辈们觉得自己应该“回敬”一次，于是就有了第三次的聚会。第三次的聚会瓦克瓦克人“选举”一个年轻有为的生物学博士后担任乌鲁木齐市瓦克瓦克人同乡事务的总负责（此个案由第3号访谈人提供，阿图什瓦克瓦克村人，乌鲁木齐市某企业退休干部）。

第三节　“ademgerqilik”（做人）与维吾尔族传统的社会交往模式

社会交往中离不开如何“ademgerqilik”（做人）的学问，而此“学问”在任何一个人群的文化形态中都会有一套标准与逻辑，它是人社会化的一项重要内容，伴随着生命的全部过程。它除了以伦理道德、价值观念以及人群共享的“符号”体系为基础之外，还使人和人的“交往互动”成为可理解、可预测、可建构的体系，形成一套交往标准，即“社会交往模式”。社会交往模式是人们在长期的交往互动实践中逐渐达成共识的一套行为模式，也可把这个模式理解为人们进行社会交往时的“蓝图”，“互酬原则”即人们“物质与精神”资源的大体等量交换是这一模式的根本动力。

笔者对维吾尔族的传统社会生活中形成的社会交往模式进行了以下粗浅的“整理”：

（一）各种人生礼仪

婚礼及其过程
新生礼（命名）（摇篮礼）
Yuzaqku（揭面纱礼）
割礼（gvlqay）
葬礼

（二）各种世俗聚会（qay）

kataqay（娱乐型、维持关系型、储蓄型）
同乡会
战友会
Hoxlixix qeyi；kutuwelix（tonuxux）qeyi

同事、同学、朋友聚会
家庭内的各种活动（生日聚会、饮食娱乐）

（三）宗教型聚会

闭斋、开斋请人
两个宗教节日期间的拜年活动
Mulut 活动（过圣纪，纪念穆罕默德的仪式）
Baratkiqe：巴拉提夜
朝觐前后的送行与迎接
探望病人：住院期间、长病卧床
Karisni uxtux 探望亡人亲属

（四）邻里关系

做了好吃的饭、家里有了好吃的东西相送（包括邻里）
节日来往：妇女节、母亲节、春节、五一、国庆
互相借贷、互相帮助

（五）其　他

搬新房
长期没有来往后主动互访（yoklax，izdixix）

在所谓的社会交往模式中，人们进行着各种人情答礼与互酬，只有这些方面做得“好”，做“到位”的，才有资格“做人”，才能和别人处在良好的交往互动中。在乌鲁木齐的阿图什人觉得相对别的地方来的人，自己更会“做人”；别的地方来的人在人情答礼方面比较小气，不大方。笔者认为：一个“合格”的维吾尔族社会个体必须根据这些方面与其他人进行交往，否则这个社会个体就很难被他人接受，如果一个社会个体越是努力遵循这一套交往模式，那么这个个体“做人”也就做得越好，是一个受欢迎的成功交往者。

第十一章　最后的思考

笔者通过实地考察发现：乌鲁木齐市维吾尔族人进行社会交往的重心仍然是自己所属的地域群体，其中又以阿图什人最为典型。不同地域的人们之间社会边界明显，乌鲁木齐市的阿图什人对外地人以“阿图什人”这么一个地域概念来标示自己，但在其内部却以村落为界形成自己的一个交往圈（上阿图什人、阿湖乡人、买谢特人等）。这种以村落为主轴的交往关系，根源于亲属关系网络，而亲属关系网络靠家族内婚制与村落内婚制来维系，由此形成鲜明而稳固的“村落认同与边界”。如果去深究家族内婚制与村落内婚制的深刻根源，不得不牵扯到不同村落是由不同的祖源形成的，而对于祖源的探讨，还得依赖精细的村落民族志，尤其是对历史文本缺乏的人群更是这样。

对阿图什人地域认同观念很强的另一种可能的解释是：历史上阿图什处在非常关键的地理位置，南疆各地通往中亚安集延、撒马尔罕等地最便利（海拔最低）的“口岸”——伊尔凯什坦（历史上称 simhana）经上阿图什乡（今天图尔尕特口岸也必经上阿图什），这使阿图什人最先也最频繁地与“他者”——中亚及西方诸国的“异域文明”接触，这种接触也直接导致阿图什人产生较强的地域认同观念，同时也拓宽了阿图什人对异域的知识视野。有了这样的外在原因，加上恶劣的自然地理（土地十分贫瘠）、较大的家庭人口规模，致使阿图什人不断地走出自己的地域，远走他乡谋生。阿图什人到了外地只要能安家落户，生活得比在阿图什好，那么就会从近亲开始叫到自己的身边，逐渐形成新的以血亲为根基的村落，这也是所有北疆阿尔泰、塔城、伊犁、玛纳斯阿图什人的村落形成方式，从中我们也可以探索人类早期自发的迁徙模式。

同乡人之间的社会交往与交往关系的保持，是以各种传统的人生仪式为根基的，传统的人生礼仪是人们进行社会交往的蓝图与“行动指南”，传统的人生礼仪使人们的社会互动行为与过程变得可以理解与可以预测。社会交往的内在机制是基本等价的互酬（亲属之间不完全是等价互酬），可以说传统的人生礼仪是“人情答礼”得以实施的基本“场地”。

通过这次研究，笔者认识到：认同源于区分“我”与“他者”，是以“我”为中心“由近及远”的建构过程，一旦自我认同得以确立，只要关系到与他人的生存资源竞争，认同建构就会不断地强化（在阿图什历史上村落的边界处在不断地强化，不断地建构过程当中），人们会制造出一套维护自我认同的机制与制度（村落内婚制、家族内婚制），以村落为根基的认同意识会在离开原生场地的情景中升华为地域认同，这种认同会被该群体的社会精英精心培养或是再制造（知识分子对本地域历史、文化、风俗的挖掘）。权力阶层的人为了使社会资源维持在自己可以操控的范围内，也努力营造和维护地域认同。除此之外，寻根意识也是促成地域认同观念发展的一个因素（阿图什人第二代、第三代后裔到了50岁以后地域认同观念会增强），认同会随不同的场景发生变化。总的来说，认同的根基是确立自我的属性，它的产生、存在、发展、强化或是消失都与以人的生存为核心的本体安全感有关，这种本体安全感一旦在某种认同中获得保障，这种认同就会强化并得到精心呵护，如果本体安全感得不到有效的保障，就会出现认同危机。

当前全球化背景下关于认同问题的探讨不断升温，其根源是人类不同群体之间的认同冲突，所以对“认同”本质的认识成为必然。不同的学科对认同的本质有不同的解释，学界基本上达成的共识是：生物学角度解释的自我分类理论；社会学角度的社会认同理论；经济学角度的资源竞争理论。[①] 那么人类学是如何关注认同问题的呢？人类学是从人类不同群体的具体生活场景中去捕捉不同群体在不同场景中的认同观念，并去描述认同观念影响下的社会行为实践，由此把握人类认同观念产生、发展、演变的本质。

哲学视野下对当前认同问题的思考对我们的认知也有一定启发：一般地说，现代性首先是人自身力量的发现，是人的自我意识的觉醒，是对人个体特殊性的确认或对人的个性的肯定。一句话，按照哲学的术语说，现代性的后果就是主体性原则的确立……从人与精神的关系看，现代性凸显

---

① 参见祁进玉：《群体身份与多元认同》，杨圣敏，序言。

了自我意识与普遍理性之间的冲突。人们根据自己的需要和理解来构建这个社会。不仅不同的人有不同的理解，甚至同一个人的理解也是经常变化的。觉醒了的自我意识只能追求自己的生活权利，从而形成对生产生活的肯定，对自己存在状态的超越。因此，现代性就有了不同的形式。这是多重现代性问题。人类现代性诉求的标准是理性的普遍性，因此现代理性往往要求先验的理性，无论这种先验的东西是实体还是功能性的认识机制，其结果都是抽象的同一性原则。可是，人类理性思考的多样性文化背景，决定了这种同一性的原则总是被不同的理性理解的内在矛盾侵蚀。在理性的层面上，现代性同样是有内在矛盾的。在现代性的内在矛盾的基础上，出现了认同危机。或者说只有当认同出现危机时，人们才可能把认同问题当作一个问题。①

通过研究认识到地域认同观念下形成的社会交往行为最终是以家族关系与血亲观念为根基的，其形成过程是一系列复杂的因素综合叠加而成的，此项研究一些基本可能的解释是：

新疆特殊的自然地理（包括自然灾害）、环盆地的沙漠绿洲、绿洲间漫长的自然距离、每个绿洲周边的文明、文化、民族、种族、历史事件以及绿洲政权所特有的包容性等方面综合促成的不同地域间的“文化异质性”，这种文化异质性加上历史上各种人群的迁徙、人口的自然繁殖且综合作用于一个个的自然村落，最终导致村落边界的形成并使村落认同建构与强化，家族/血亲内婚制、村落内婚制既是村落认同的结果又是其促成因素。然而，历史上“融会贯通”东西方文明的丝绸之路（贯穿所有绿洲）、区域语言的突厥化、历史上几个当地跨绿洲的政权、新中国成立后语言文字的统一规范、西方民族观念的传入、新中国的民族政策等又是导致从地域认同向民族认同不断“超越”的根源。

地域认同观念的建构是一个动态的过程，本地域自然、地理、历史、文化传承、集体记忆及文化象征均可成为建构认同的“原材料”，如 izqila（安淇拉）公司、tvpikh（特别克）学校、bughra（布格拉）服装公司、elkhon（爱力坤）等这些经济实体的名字都是以阿图什历史人文精神为背景的。阿图什人的交往模式、阿图什人的“集体人格”、道德意识、价值观念无不是“综合复杂因素”所促成的，本书对此进行了一些探讨，笔者

---

① 韩震：《现代性、全球化及其认同问题》，载《新视野》2005 年第 5 期。

在此就不再赘述，只是想再次强调：人类任何简单的文化行为背后都有一套观念逻辑，对此任何简单化的解释都是“徒劳”的。

因此，笔者通过这项研究有了以下启示：理解人们的社会行为背后的观念体系是一个非常复杂且艰难的“工作”，指导社会个体产生社会行为的观念体系，是种种复杂因素综合的促成过程，很难产生穷尽的理论解释，如果笔者有机会再进一步关注维吾尔族的“地域认同”观念时，这种研究应该是在村落“精细”的民族志的基础上进行，而笔者的这项研究关注层面还是过于“宏大”了，所以不可避免地会出现一些粗陋浅薄的解释与认识。我国人类学界至今还十分依赖20世纪50年代进行民族识别与社会文化类型调查时的资料，自那以后各民族的社会文化发生了巨大变化，但学界又疏于精细民族志的撰写，在这样的现状下又有人批评、反对甚至“反思”民族志的撰写，笔者认为，学界的这种现状本身才是值得深思的！

参考文献

专（译）著

1. ［美］顾德曼著：《家乡、城市和国家——上海的地缘网络与认同》（1853—1937），宋钻友译，古籍出版社2004年版。

2. ［美］韩起澜著：《苏北人在上海1850—1980》，卢明华译，古籍出版社2004年8月版。

3. ［美］本尼迪克特·安德森著：《想象的共同体：民族主义的起源与散布》，吴睿人译，上海人民出版社2003年版。

4. ［德］尤尔根·哈贝马斯：《交往行为理论》，曹卫东译，上海人民出版社2005年6月版。

5. ［日］广田康生：《移民和城市》，马铭译，商务印书馆2005年3月版。

6. ［美］W. L. 托马斯、［波兰］F. 兹纳涅茨：《身处欧美的波兰农民》，张友云译，译林出版社2000年3月版。

7. ［美］曼纽尔·卡斯特著：《认同的力量》，夏铸九、黄丽玲译，社会科学文献出版社2003年6月版。

8. ［美］Y. 拉彼德、［德］F. 克拉克托赫维尔：《文化与认同：国际关系回归理论》，金烨译，浙江人民出版社2003年2月版。

9. ［美］威廉·富特·怀特：《街角社会——一个意大利人贫民区的社会结构》，黄育馥译，商务印书馆1994年10月版。

10. 郑晓云：《文化认同与文化变迁》，中国社会科学出版社1992年10月第1版。

11. ［美］斯蒂文·郝瑞：《田野中的族群关系与民族认同——中国西南彝族社区考察研究》，巴莫阿依、曲木铁西译，广西人民出版社2000年8月版。

12. ［英］莫利·罗宾斯：《认同的空间：全球媒介、电子世界景观和文化边界》，司艳译，南京大学出版社 2001 年 8 月版。

13. ［英］拉德克利夫·布朗：《社会人类学方法》，夏建中译，华夏出版社 2002 年 1 月版。

14. ［英］拉德克利夫·布朗：《原始社会的结构与功能》，潘蛟等译，中央民族大学出版社 1999 年 10 月版。

15. ［法］伊夫·格拉夫梅耶尔：《城市社会学》，徐伟民译，天津人民出版社 2005 年 5 月版。

16. 马戎：《民族社会——社会学的族群关系研究》，北京大学出版社 2004 年 9 月版。

17. 梁永佳：《地域的等级——一个大理村镇的仪式与文化》，社会科学文献出版社 2005 年 11 月版。

18. ［美］戴维·波普诺：《社会学》（第十版），李强等译，中国人民大学出版社 2005 年 6 月版。

19. ［德］艾尔·巴比：《社会研究方法基础》（第八版），邱泽奇译，华夏出版社 2005 年 2 月版。

20. ［德］乔纳森·特纳：《社会理论的结构》（第六版），邱泽奇译，华夏出版社 2001 年 1 月版。

21. 侯钧生：《西方社会未完理论教程》，南开大学出版社 2002 年 10 月版。

22. 王铭铭：《西方人类学思潮十讲》，广西师范大学出版社 2005 年 7 月版。

23. 刘军：《社会网络分析导论》，社会科学文献出版社 2004 年 12 月版。

24. 罗家德：《社会网络分析讲义》，社会科学文献出版社 2005 年 4 月版。

25. 张继焦：《城市的适应——迁移者的就业与创业》，商务印书馆 2004 年 5 月版。

26. 蔡合主编：《城市社会学：理论与视野》，中山大学出版社 2003 年 1 月版。

27. 李强：《应用社会学》，中国人民大学出版社 1999 年 5 月版。

28. 尚衍斌：《西域文化》，辽宁教育出版社 1998 年版。

29. 陈金川：《地缘中国：区域文化精神与国民地域性格》，中国档案出版社 1998 年版。

30. 刘伟铿：《地域文化研究》，广西民族出版社 2004 年版。

31. ［日］羽田亨：《西域文化史》，耿世民译，新疆人民出版社 1981 年版。

32. ［日］佐口透：《新疆民族史研究》，章莹译，新疆人民出版社 1986 年版。

33. 熊锡元：《民族特征论集》，广西人民出版社 1987 年 10 月版。

34. 周伟洲：《也谈新疆维吾尔族族源问题》，载林干：《突厥与回鹘历史论文集》，中华书局 1987 年 7 月版。

35. 谷苞：《新疆维吾尔族族源问题》，载林干：《突厥与回鹘历史论文集》，中华书局 1987 年 7 月版。

36. ［德］克林凯特：《丝绸古道上的文化》，赵崇民译，新疆美术出版社 1994 年 9 月版。

37. 余太山：《西域通史》，中州古籍出版社 1996 年 6 月版。

38. ［法］勒尼·格鲁塞：《草原帝国》，魏英邦译，青海人民出版社 1991 年 5 月版，第 29 页。

39. 瓦依提江、艾斯哈尔：《维吾尔古典文学初探》，民族出版社 1987 年 4 月版。

40. 纳斯如拉·安斯尔丁：《现代维语》，新疆教育出版社 1987 年第 3 版。

41. 新疆社会科学院：《新疆宗教》，新疆人民出版社 1989 年 2 月版。

42. 吕大吉：《宗教学通论》，中国社会科学院出版社 1989 年 5 月版。

43. 刘义堂：《维吾尔研究》，台北：正中书局。

44. 新疆社科院考古研究所：《新疆古代民族文物》，文物出版社 1985 年 10 月版。

45. 阿图什县地名委员会：《新疆维吾尔自治区阿图什县地名图志》，1985 年 12 月。

46. 胡兆量、阿尔斯朗、琼达：《中国文化地理概述》，北京大学出版社 2006 年 3 月版。

47. 张海洋：《中国的多元文化与中国人的认同》，民族出版社 2006 年版。

48. 张茂桂：《族群关系与国家认同》，台北：业强出版社 1993 年版。

49. 马戎：《民族社会学——社会学的族群关系研究》，北京大学出版社 2004 年版。

50. 毛拉穆沙 · 萨依然米：《伊米德史》，民族出版社 1988 年 10 月版。

51. 乔健、潘乃谷：《中国人的观念与行为》，天津人民出版社 1995 年 10 月版。

博士学位论文

1. 张咏：《认同与发展——一个边疆汉人移民社区的文化研究》（博士学位论文），中央民族大学，2004 年 5 月。

2. 何致中：《地方与认同》（博士学位论文），台北：台湾大学地理环境资源研究所，2002 年。

3. 任军锋：《地域本位与国族认同：美国政治发展中的区域结构分析》（博士学位论文），天津人民出版社 2004 年 1 月版。

4. 哈正利：《族群性的建构和维系——一个宗教群体历史与现实中的认同》（博士学位论文），中央民族大学，2005 年。

5. 林拓：《福建文化地域性研究》（博士学位论文），1999 年。

硕士学位论文

1. 马珊：《中国腹地杂居回族的民族认同——亳州谯城区回族社区的个案调查》（硕士学位论文），中央民族大学，2005 年 5 月。

2. 李海淑：《宗教认同与民族认同的互动——北京市朝鲜族基督教个案研究》（硕士学位论文），中央民族大学，2005 年 6 月。

3. 李菲：《空间观念与族群认同——康藏民歌“弦子”的文学人类学研究》（硕士学位论文），四川大学，2002 年 4 月。

4. 陈振华：《利益、认同与制度供给：居民社区参与的影响因素研究》（硕士学位论文），清华大学，2004 年 6 月。

论　文

1. 兰林友：《论族群与族群认同理论群》，载《广西民族学院学报》2003 年第 3 期。

2. ［韩］赵正源、林奎燮：《全球化时代国际关系中的文化与认同》，载《国际政治研究》2004 年第 4 期。

3. 张乃和：《认同理论与世界区域化研究》，载《吉林大学社会科学学报》2004 年第 3 期。

4. 乔卫兵：《认同理论与国家行为》，载《欧洲》2001 年第 3 期。

5. 王春光：《流动中的社会网络：温州人在巴黎和北京的行动方式》，载《社会学研究》2000 年第 3 期。

6. 邹佳青：《华人社会中的社会关系网络——社会网络中的中等关系与本土化解释》，载《当代青年研究》2003 年第 4 期。

7. 俞弘强：《社会交换理论与理性选择理论之比较研究——以布劳和科尔曼为例》，载《中共浙江省委党校学报》2004 年第 3 期。

8. 阳存：《社会交往与主体利益的选择》，载《哈尔滨学院学报》2005 年第 9 期。

9. 李林艳：《社会空间的另一种想象——社会网络分析的结构视野》，载《社会学研究》2004 年第 3 期。

10. 何雪松：《社会网络的动态过程及理论探索》，载《上海行政学院学报》2005 年第 3 期。

11. 张存刚、李明、陆德梅：《社会网络分析——一种重要的社会学研究方法》，载《甘肃社会科学》2004 年第 2 期。

12. 程国萍、熊云生、吴敏：《社会网络与社会资本》，载《财贸研究》2005 年第 4 期。

13. 石敏敏：《唯物史观的基本前提和社会交往理论——论哈贝马斯的交往与社会进化》，载《浙江省政法管理干部学院学报》1999 年第 1 期。

14. 刘朝晖：《乡土社会的民间信仰与族群互动：来自田野的调查与思考》，载《广西民族学院学报》2001 年第 3 期。

15. 任炜：《解放以来维吾尔语词汇的发展》，载《新疆大学学报》1988 年第 3 期，第 104 页。

16. 侯灿：《环塔里木盆地的早期居民及其文化》，载《新疆大学学报》1992 年第 2 期，第 32 页。

17. 库尔班·外力：《吐鲁番出土公元五世纪的古突厥语木牌》，载《文物》1981 年第 1 期。

18. 牛汝极：《新疆的民族文字与民族文化》，载《西北民族研究》1990 年第 1 期，第 180 页。

19. 季羡林：《吐火罗语的发现与考释及其在中印文化交流中的作用》，载《中印文化关系论丛》，1957 年。

20. 季羡林：《吐火罗语与尼雅俗语》，载《新疆史学·创刊号》，

1979 年。

21. 叶志良：《中西绘画艺术整合刍论》，载《新疆艺术》1995 年第 3 期，第 17 页。

22. 李慧敏：《“本体安全”——解读安东尼·吉登斯的自我认同理论》，载《河北软件职业技术学院学报》2005 年第 3 期。

23. 贾国华：《吉登斯的自我认同理论评述》，载《江汉论坛》2003 年第 5 期。

24. 乔卫兵：《认同理论与国家行为》，载《欧洲》2001 年第 3 期。

25. 卢绍君、徐坡岭：《社会主义信念的价值认同、理论认同及其变化轨迹》，载《探索》2000 年第 1 期。

26. 陶家俊：《身份认同导论》，载《外国文学》2004 年第 2 期。

27. 定宜庄、胡鸿保：《从族谱编撰看满族的民族认同》，载《民族研究》2001 年第 6 期。

28. 钟年：《社会记忆与族群认同——从〈评皇券牒〉看瑶族的族群意识》，载《广西民族学院学报》2000 年第 4 期。

29. 孙庆民：《社会交换与人性假设》，载《湖北师范大学社会科学学报》1995 年第 2 期。

30. 祁进玉：《“五屯”土族的族群认同》，载《青海民族学院学报》2005 年第 3 期。

31. 张旭鹏：《文化认同理论与欧洲一体化》，载《欧洲研究》2004 年第 4 期。

英文文献

1. Justin Jon Rudelson. *Oasis Identities*: *Uyghur Nationalism Along China's Silk Road*. Columbia: Columbia University Press, 1997.

2. Barth, Fredrik. *Ethnic groups and Boundaries*: *The Social Organization of Culture and Difference*. Boston: Little, Brown and Company, 1969.

3. Anthony D. Smith. *National Identity*. University of Nevada Press, 1991.

4. Calvin Goldsheider. *Population, Ethnicity and nation-Building*. Westview Press, Inc 1995.

5. Yali Zou. *Ethnic Identity and Power*. State University of New York Press, 1998.

6. Dora Capozza and Rupert Brown. *Social Identity Processes Trends in Theory and Researchs*. SAGE Publications, 2000.

7. Henri Tajfel. *Social Identity And Intergroup Relations*. Cambridge University Press, 1982.

8. Nathan Glazer. *Ethnicity Theory and Experience*. Harvard University Press, 1976.

9. Naomi Ellemers. *Social Identity Context Commitment*, *Content*. Blackwell Publishers Ltd. , 1999.

10. Anthony D. smith. *The Nation in History*. New England University Press, 2000.

附　　录

一、访谈大纲及问卷

维吾尔族地域认同观念调查研究
调查地点、时间、访谈人背景材料（年龄、性别、学历、职业等）。

（一）访谈大纲

您心目中的家乡是个什么样的地方？
您怎么看待自己家乡的人？
您知道不同地域的人怎么看待您的同乡人吗？
您是怎么看待维吾尔族的？
您是怎么看待伊斯兰教的？
您对国家的认识是怎样的？
您能说说您的家乡人所特有的文化吗？如歌舞、饮食、服饰等？
请您说说您同乡人的性格。
您的同乡人的价值观是什么样的？喜欢或不喜欢的事或人是什么？
同乡关系是怎么形成的？怎么维系的？有哪些活动？
请您谈谈您同自己单位里的同乡之间的关系。
高校中同乡大学生之间的关系是怎样的？
同乡知识分子在促进同乡意识方面做了哪些事情？
同乡领导层当中同乡关系是怎么样的？
商人之间的同乡关系怎么样？
您的同乡有在您所居住城市经商的人吗？如有请回答下列问题：
商人内部的经济纠纷及协调活动（muresse）

商人的募捐活动

商人间的商业信息交流与人际关系

企业与企业文化

您知道您的同乡人开办的企业与企业活动吗？企业文化呢？（企业名、商标、店名、用家乡地名与村名开的饭馆）

以家乡为中心的大型活动

请您说一说艺界的同乡人士在一些大型的文艺演出活动《××麦西来甫》中所发挥的作用。

在以家乡为中心的各种大型活动中各地域的家乡人（身在他乡的）支持的情况

知识分子、领导、文艺界人士、商人等为这些活动的实现发挥了怎样的作用？

您所居住地的家乡“乡老”们在加强同乡维系方面做了些什么事情？

您同从家乡来的别的民族之间的关系怎么样？

你同别的地域的人建立了关系吗？

居住地家乡人之间的关系模式

同乡人相聚为主要目的的各种茶（同乡聚会）

同乡人之间的互惠互利情况怎么样？

（二）问　卷

1. 您的性别：____a. 男　　b. 女

2. 您的年龄：____a. 20—30　b. 30—40　c. 40—50　d. 50—60　e. 60以上

3. 您父母的居住地；您父母的家乡

4. 您的出生地（最好能具体到县、乡、村）

5. 婚否：____a. 已婚　b. 未婚

您与爱人是否是同乡（未婚者不填）____a. 是　b. 否

您爱人的籍贯？（不是同乡的夫妻填此项）（未婚者不填）

6. 您在现在的居住地生活的年限是：a. 1—5 年　b. 5—10 年　c. 10—20 年　d. 20 年以上

7. 您的学历：____a. 小学　b. 中学（初中、高中）　c. 大学（大中专）　d. 大学以上

8. 您现在的居住地的社会关系：（保持来往的人）
A. 亲属有____家？其中保持来往的有：____家？
B. 知心朋友有____人？
C. 经常来往的同学有____人？
D. 您认识的同乡有____人？其中经常来往的有____人？
E. 经常来往的同事有____人？
F. 经常来往的上司有____人？
G. 经常来往的邻居有____人？
H. 有无经常来往的异族朋友？如有，是____人？
I. 您还有其他社会关系吗？请注明____
J. 上述社会关系中您认为自己交往频率最高的是哪一层？____
a. 亲属 b. 朋友 c. 同学 d. 同乡 e. 同事 f. 上司 g. 邻居
h. 异族朋友 i. 其他
9. 您参加 kataqay（或同乡聚会）吗？如参加有几个 qay？____
这些 qay 是和下列哪些人一起参加？____
a. 亲属 b. 朋友 c. 同学 d. 同乡 e. 同事 f. 上司 g. 邻居
h. 异族朋友 i. 其他
高校学生请回答：
9A 您参加过您所在学校学生举办的“老乡”会吗？（迎新生、送毕业生等）____
a. 参加过 b. 没有
9B 您所在学校学生每年举办“老乡”会的次数
a. 一次 b. 二次 c. 二次以上
9C 您同您居住的城市工作、生活或经商的同乡人有来往吗？
a. 有来往 b. 没有来往 c. 来往频繁 d. 从不来往
10. 最近五年内您回家的次数？____次？回家乡的主要原因？
a. 1 次 b. 2 次 c. 3 次 d. 4 次 e. 5 次以上
f. 探亲 g. 参加婚丧嫁娶 h. 旅游 i. 做生意 j. 其他
11. 您为家乡或是同乡人做过事（资助、帮助或其他形式）吗？
a. 做过 b. 没做过
12. 您愿意说一说（写出）您为家乡或为同乡人做过的事吗？
13. 您得到过您工作单位（学校）同乡的帮助吗？

a. 经常　b. 偶尔　c. 从没有　d. 有过

14. 您如生活中遇到困难最先可以从下列哪些人处获得帮助?

a. 亲属　b. 朋友　c. 同学　d. 同乡　e. 同事　f. 上司　g. 邻居

h. 异族朋友　i. 其他

15. 您对新疆哪些地方的人比较熟悉?（性格、风俗）他们与您的同乡人最显著的区别是什么?

16. 您知道当前在维吾尔族中哪些有名的商人与您是同乡? 这些商人为家乡或同乡人做过事吗?

17. 您知道当前在维吾尔族中哪些有名的知识分子与您是同乡? 这些知识分子为家乡或同乡人做过事吗?

18. 您知道当前在维吾尔族中有哪些厅局级干部与您是同乡? 这些干部为家乡或同乡人做过事吗?

19. 您知道当前在维吾尔族中有哪些有名望的作家、诗人、演员、歌星与您是同乡? 这些人为同乡人或家乡做过事吗?

二、维吾尔语字母表

顺序	阿拉伯字母	本书所用字母	IPA 音标
01	ا	A	A
02	ە	E	ɛ
03	ب	B	B
04	پ	P	p┌
05	ت	T	t┌
06	ج	J	ʤ

续表

顺序	阿拉伯字母	本书所用字母	IPA 音标
07	چ	Q	tʃ┌
08	خ	H	X
09	د	D	D
10	ر	R	R
11	ز	Z	Z
12	ژ	Je	ʒ
13	س	S	S
14	ش	X	ʃ
15	غ	Gh	ʔ
16	ف	F	F
17	ق	Kh	q┌
18	ك	K	K
19	گ	G	G
20	ڭ	Ng	
21	ل	L	L
22	م	M	M
23	ن	N	N
24	ھ	H	H
25	و	O	O
26	ۇ	U	U
27	ۆ	Ue	ø
28	ۈ	V	Y
29	ۋ	W	V
30	ې	E	E
31	ى	I	I
32	ي	Y	J

三、阿图什村落分布图①

阿扎克乡、松他克乡各村落

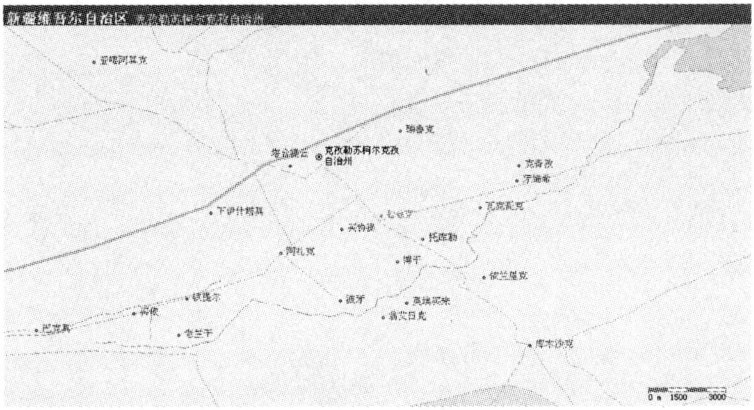

格达良乡各村落

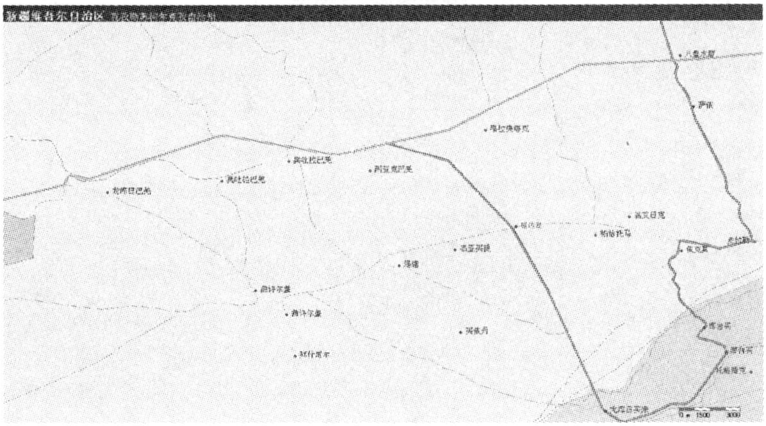

---

① 《中国电子地图》北京灵图软件技术有限公司制作，人民交通音像电子出版社2003年版。

阿湖乡各村村落

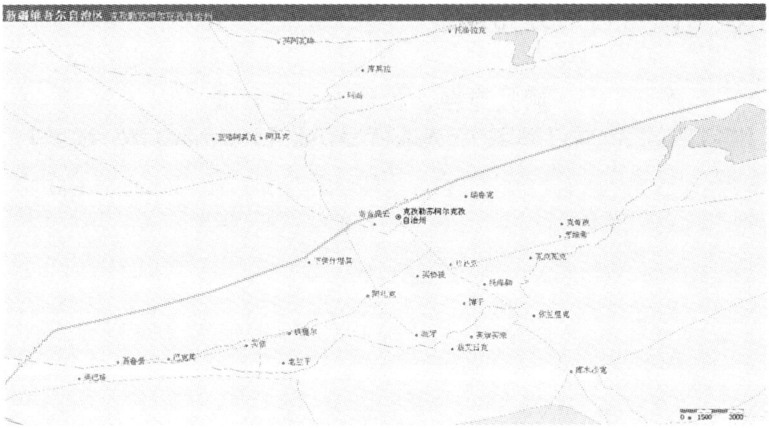

上阿图什乡各村落

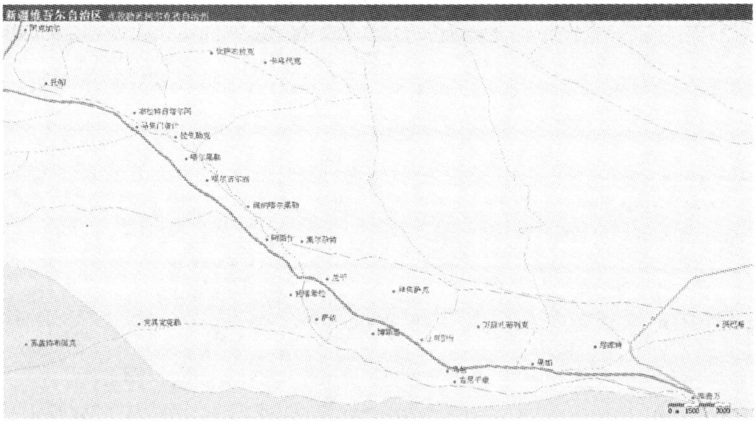